DESARROLLAR SIN MORIR EN EL INTENTO

UNA GUÍA PARA HACER DESARROLLO
INMOBILIARIO SIN DEJAR LA VIDA EN ELLO

JORGE A. MAZATÁN S.

Prefacio (Del Autor Al Lector)

Antes de empezar, quiero felicitarte, la decisión de educarte, y de tener una guía antes de empezar, es la mejor manera de hacer las cosas. No basta con tener un sueño, en este mundo hay que estar preparado, la improvisación te lleva por otros rumbos, tal vez llegues al mismo lugar, pero vas a tardar mucho más, y seguro encontrarás muchas más piedras en el camino.

A pesar de que existe una increíble necesidad de viviendas en el mundo, tienes que hacerlo bien, asegurarte de que tu producto se venda desde antes de construirlo, de preferencia, que se venda desde que habita en tu mente.

Y aunque esta es una receta para hacer desarrollo inmobiliario, si cambias algunas cosas, le pones otros nombres, te puede servir como receta para hacer otros negocios, al final, la estructura es lo que te va a llevar al éxito, el planteamiento que hago para lograr un desarrollo inmobiliario te va a ayudar para estructurar cualquier proyecto, ya sea para vender, rentar o hasta de uso personal, vas a llegar a tu meta sano y a salvo.

No tienes que empezar de cero, puede ser que empieces con una casa vieja y la arregles, la idea es que vayas seguro y sin riesgos de perder tu inversión.

Quiero que tengas éxito, que logres hacer un excelente desarrollo inmobiliario sin morir en el intento.

INDICE

1.- PRESENTACIÓN
2.- PROLOGO
3.- INTRODUCCION AL DESARROLLO INMOBILIARIO
4.- EL PROYECTO INMOBILIARIO
    EL TERRENO
    EL ANTEPROYECTO
    EL CONTRATO
    EL CONTRATO DE PROYECTO
    LOS ELEMENTOS DE UN BUEN PROYECTO
    EL TIEMPO Y COSTO DE UN PROYECTO
5.- PLANEACION INMOBILIARIA
    EL USO DE SUELO
    LA UBICACIÓN
    EL ESTUDIO DE MERCADO
    EL ANALISIS DE UN PROYECTO
    LA SERVILLETA
    SERVILLETA 1
    SERVILLETA 2
6.- LA PROCURACION DE RECURSOS O FONDEO FINANCIERO.
    EL FONDEO
    LA ASOCIACION
7.- CORRIDA FINANCIERA O ANALISIS DE NEGOCIO INMOBILIARIO
    BUSINESS PLAN
    ANALISIS FINANCIERO
        COSTOS DE TERRENO
        COSTOS DE PROYECTOS EJECUTIVOS E IMAGEN
        COSTOS DE LICENCIAS
        COSTOS DE CONSTRUCCIÓN
        COSTOS DE COMERCIALIZACIÓN
        COSTOS DE INFONAVIT, SHF O FOVISSSTE

COSTO FINANCIERO DEL DESARROLLO
PROVISIONES VARIAS
COSTOS DE ADMINISTRACIÓN
ESTADO FINANCIERO

8.- NUEVO ESTADO FINANCIERO MODIFICADO
BUSINESS PLAN MODIFICADO
ESTADO FINANCIERO MODIFICADO
RESUMEN INGRESOS
NETO MENSUAL
PLAN DE VENTAS
PROGRAMA DE CONSTRUCCIÓN
UTILIZACIÓN DE CRÉDITO

9.- INICIO DE PROMOCION INMOBILIARIA
A.- ASEGURAMIENTO DE LA PROPIEDAD
B.- CONTRATACIÓN DE PROYECTO
C.- OBTENCIÓN DE LICENCIAS
D.- PROMOCIÓN Y PUBLICIDAD
E.- CUENTAS BANCARIAS INDEPENDIENTES
F.- CONTRATACIÓN DE PERSONAL O CONTRATISTAS

10.- INICIO DE LAS OBRAS Y LAS VENTAS

11.- INICIO DE LA PROMOCIÓN INMOBILIARIA

BUSINESS PLAN PROYECTO GENESIS
CALCULO DEL FACTOR DE INDIRECTOS Y UTILIDAD

12.- ESTADO FINANCIERO GENESIS
BUSINESS PLAN GENESIS
ESTADO FINANCIERO GENESIS
RESUMEN INGRESOS GENESIS
NETO MENSUAL GENESIS
PLAN DE VENTAS GENESIS
UTILIZACIÓN DE CRÉDITO GENESIS

13.- PLAN DE VENTAS

14.- PLAN DE MERCADOTECNIA

15.- PROCESO DE ESCRITURACION Y COBRANZA

16.- RESUMEN GENERAL

17.- MENSAJE

PRESENTACIÓN

¿Para quién es este libro?
Es para ti, que tienes un terreno y no sabes qué hacer con él o cómo empezar; también es para ti, que quieres desarrollar, pero no tienes claro cómo hacerlo, o para aquellos que necesitan una guía para iniciar un nuevo negocio; es para cada uno de los que han pensado en hacer algo por ellos mismos, por su familia.

¿Tienes un terreno?,
 ¿Tienes los medios económicos, pero no sabes cómo empezar?
¿Conoces a alguien que tiene un terreno y quieres asociarte?
Hacer desarrollo inmobiliario no es fácil, antes de tener éxito, debes tener muchas cosas en cuenta, cientos, miles de ellas, pero al final, es uno de los negocios más nobles que existen, no importa lo que hagas podrás arreglarlo.

¿Qué vas a obtener de este libro?
Vas a aprender a desarrollar, vas a poder iniciar con seguridad un nuevo negocio para el resto de tu vida.
Voy a hacer todo lo que pueda para que tú puedas empezar un desarrollo, para que puedas iniciar una nueva aventura, para que empieces con seguridad a construir tu libertad financiera y no dependas de nadie. Voy volcarme en transmitir lo que he aprendido en 30 años de construir, diseñar y desarrollar, compartiré el fruto de mis aprendizajes, de mis fracasos y de mis aciertos.

"SI TU NO ESTÁS CONTROLANDO TU VIDA, ALGUIEN LO ESTA HACIENDO POR TI."

Pasa un día y luego otro, sientes que no vas a ningún lado, sales de vacaciones y regresas igual o más cansado; mortificado, sin nada que te apoye económicamente, hoy puedes empezar. Lee este libro. Tienes un trabajo fijo y no avanzas, necesitas un negocio nuevo que te impulse. Lee este libro.

Quieres iniciar una nueva aventura, pero estás paralizado sin saber que hacer primero. Lee este libro.

El mejor día para empezar es hoy, la única manera de dejar atrás tu realidad es dando el primer paso, puedes planear eternamente, pero si no actúas, nunca cambiará nada.

Léelo, si no lo lees, no empezarás nunca.

PROLOGO

Bienvenido...
Cada año en la República Mexicana, hay 1'800,000 nacimientos, 166,766 divorcios, 507,052 bodas o nuevas familias, es decir, que cada año, surge la necesidad de 670,000 nuevas casas, y en la actualidad, a través de la construcción formal por medio de desarrolladores certificados y registrados se construyen alrededor de 135,580 viviendas, de la misma forma, se construyen otras 140,000 viviendas de manera informal, ya sea por autoconstrucción o contratando al primo o al maestro y ampliando un piso en el mismo terreno, al final, cada año se construyen 275,000 viviendas nuevas, lo que representa un total de 395,000 de déficit anual, ese déficit crece cada año y se suma a las 9'000,000 de viviendas faltantes[1] para la población mexicana, de ese tamaño es nuestro mercado! ¡Es inmenso! Pero tenemos que hacerlo bien, no significa que faltando tantas viviendas vayamos a vender lo que construyamos, hay que hacerlo de una manera estudiada, analizando cada paso que vayamos a dar, porque no es un negocio donde inviertas poco, es un negocio que genera grandes capitales y el que más millonarios ha hecho, pero también donde puedes perder mucho dinero en poco tiempo.

Sin embargo, puedes empezar con el pie derecho, desde el inicio lo harás de la mano de una guía, con un buen mapa para llegar, mientras sigas los pasos que te voy a dar en el libro, estoy seguro que no habrá manera de que algo salga mal, recuerda que nada sale bien si las cosas se hacen con prisa, todo debe estar revisado, analizado y estudiado, vamos a seguir un método probado, es la manera en la que los desarrolladores inmobiliarios hacemos nuestros desarrollos, mientras más desarrolladores hagan bien las cosas, nos irá mejor a todos, el objetivo es que el desarrollo inmobiliario sea algo profesional en México, que haya menos improvisaciones y más profesionalización, ningún país desarrollado llegó a serlo de forma improvisada, necesitamos profesionalizar cada rama industrial en nuestro país y el ramo inmobiliario es el más grande y el que más trabajo genera, el desarrollo inmobiliario detona más de 70 industrias a su alrededor, por lo que es imperativo que todo lo que se haga esté bien hecho, nuestro país puede cambiar, nuestra realidad puede mejorar y tu economía lo necesita, si vas a emprender en el mundo inmobiliario, con este libro, vas a hacerlo sin problemas.

INTRODUCCION AL DESARROLLO INMOBILIARIO

Después de aprender a conseguir alimento, el hombre aprendió a cubrirse del frío, tal vez en una cueva o bajo un árbol e improvisó con ramas algún tejado, a partir de ahí, el desarrollo del lugar para vivir no ha parado. El ser humano siempre necesitará un lugar para habitar con su familia, para crecer y multiplicarse, y hubo alguien que pensó que podía hacerlo por los otros y beneficiarse de ello, vendiendo el fruto de su trabajo, de construir un lugar para vivir no solo para él sino para desconocidos; desde entonces existe el Desarrollo Inmobiliario. Es esa actividad económica basada en planear, diseñar, construir y vender o alquilar, las viviendas, locales comerciales, bodegas o cualquier espacio susceptible de ser rentado o vendido que la población necesita para vivir o desarrollar sus actividades económicas diarias.

Cada año, la población crece, por lo que la necesidad de viviendas nuevas aumenta, el éxito del negocio radica en dónde construir y el costo al hacerlo, de forma que el precio de venta deje un margen de ganancia atractivo para realizar la inversión y todo lo que lleva detrás.

Históricamente, el desarrollo inmobiliario nace basado en las necesidades de los habitantes de una ciudad a cambiar de residencia debido a que la zona en la que viven ya no es apta para ellos, o bien su trabajo se los exige, también puede ser porque buscan una nueva oportunidad fuera de su área de origen. La razón que sea, crea nuevas necesidades en las ciudades y estas necesidades deben ser satisfechas, cualquiera puede desarrollar y cualquiera puede comprar un terreno y construir, habrá algunos que tengan suerte y su proyecto se convierta en un éxito, otros batallarán porque no encontraron el lote adecuado o el tipo de proyecto no es el indicado para la zona; todo se podía haber evitado si se hubieran seguido las guías para asegurar el éxito de su aventura.

El desarrollo inmobiliario puede ser una experiencia gratificante llena de buenos momentos o una verdadera tortura, puede ser el inicio de una vida de riqueza o la pérdida de los ahorros de toda una vida de trabajo. La diferencia está en la planeación y aquí, aprenderemos cómo desarrollar y no morir en el intento.

EL PROYECTO INMOBILIARIO

Pensar en desarrollar va más allá de un antojo, si queremos asegurar el éxito, es aconsejable ir de la mano de profesionales en cada aspecto del desarrollo inmobiliario, no sólo vamos a necesitar un Arquitecto, también necesitaremos el consejo de un Abogado, un Vendedor calificado y mucho sentido común.

El Arquitecto es el profesional que cuenta con la capacidad técnica y artística para desarrollar espacios bellos, funcionales y habitables para satisfacer las necesidades humanas. Para esto, debe conocer los aspectos económicos, tecnológicos, sociales, culturales y todo lo referente al entorno que rodea el diseño y construcción.

El Abogado nos garantiza que la operación será en todo momento segura, deberá verificar que la tenencia de la tierra sea segura y que el proyecto sea viable desde el punto de vista legal.

El Vendedor nos ayudará a concretar el negocio, con su experiencia, lograremos un trato justo y beneficioso en el que podamos lograr un cliente satisfecho y un negocio redituable.

¿En qué momento entran los anteriores profesionales en escena? No hay un orden, más adelante veremos que en ningún desarrollo inmobiliario hay un orden riguroso, algunas veces el terreno se nos presenta como una oportunidad, otras veces formaba parte de nuestra reserva territorial, un amigo nos ofrece participación con su terreno, otra vez detectamos que alguna zona o ciudad está en crecimiento y queremos aprovechar el momento, por lo que buscamos un terreno en esa zona.

Cada caso será diferente y para cada uno habrá que cubrir varias aristas antes de tomar decisiones, con el tiempo, iremos perfeccionando nuestra habilidad para detectar oportunidades o pasar de ellas.

EL TERRENO

¿Qué necesito para iniciar un proyecto?

    A- Conocer el objetivo del inmueble (residencia, hospital, iglesia etc.); o si va a ser una ampliación, remodelación u obra nueva.

    B- Contar con un terreno adecuado al tipo de obra que se va a hacer, tomando en cuenta su ubicación para llegar a un estudio de sus aspectos físicos y legales.

Aspectos físicos de un terreno- Se les conoce así por ser las limitaciones físicas de un terreno para su diseño y construcción como, por ejemplo:

Ubicación del predio respecto a la zona, ubicación respecto a los terrenos adyacentes, características físicas propias, características civiles propias.

Ubicación del Predio Respecto a la Zona- Contexto Arquitectónico y Natural del lugar, el contexto arquitectónico es el que le dan las construcciones vecinas, si todas las construcciones tienen características específicas de altura (número de niveles) o de utilización de materiales en sus acabados (piedra local, madera, estuco), o el contexto que recibe de manera natural, si hay un árbol al frente en cada casa, si las casas están remetidas de la banqueta y no hay más de un porcentaje de utilización del predio.

Nivel Económico de la Zona, pasar por alto el nivel económico es destinar el proyecto al fracaso, nuestro proyecto debe responder a su entorno físico y económico, reconocer su vocación y solucionar la necesidad que exista en la zona.

Tipo de Zona (residencial, comercial, servicios, vacacional, industrial, natural, turístico etc.) Si nuestro proyecto se ubica en una zona residencial, no podemos pretender que su orientación sea para otro destino, en los planos de desarrollo urbano se establece claramente el uso que podrá tener cada predio y si insistimos en modificarlo, podremos pasar años intentándolo sin tener éxito, aparte del costoso proceso al que nos enfrentaremos. La necedad no es buena consejera.

Ubicación del predio respecto a las zonas Adyacentes- El predio tendrá colindancia, éstas pueden ser a otros predios o bien a limitantes naturales como ríos, cañadas, arboledas o artificiales como postes, rejas, hidrantes, tuberías subterráneas, etc. Y cada una presentará situaciones que deberemos tener en cuenta para el desarrollo de nuestro proyecto.

Características físicas propias- Topografía, poligonal, tipo de suelo, orientación, vistas, vialidades, árboles existentes, vegetación, restricciones físicas (ríos, lagos, cañadas etc.), accesos, clima, vientos dominantes, condiciones naturales especiales (zona de alta sismicidad, huracanes, tornados, temperatura extremosa) entre otras.

Características físicas civiles propias- Servicios municipales, toma de agua, nivel de drenaje, ubicación del drenaje, características de vialidades, alineamiento, restricciones de obra civil (postes de luz, entubados, subestaciones, etc.), acometida eléctrica, relación del reglamento de construcción con la topografía.

Aspectos legales del terreno- Son las limitaciones que son dadas al terreno por las normas oficiales de diseño y construcción; son las siguientes:

Aspectos Legales del Contexto Urbano- Reglamento de Construcción (sobre la base del Plan Estatal de desarrollo, Plan Municipal de Desarrollo, Reglamento del municipio, Reglamento del Fraccionamiento, etc.).

Densidad de Población, Alineamiento y Número Oficial, Zonas de Crecimiento de Uso Regulado, Apeos y Deslindes Oficiales, Licencia de Uso de Suelo, Zona de Patrimonio Histórico, etc.

Aspectos Legales de Proyecto- Restricciones del predio, de alturas, arquitectónicas y materiales de construcción, Reglamento Interno, ancho de calles internas, limitantes de áreas verdes, etc.)

¿En qué me puede ayudar un Arquitecto?- Es quien por medio del diseño aprovechará al máximo el terreno y sus limitaciones, ofreciendo soluciones funcionales, estéticas y adecuadas a la necesidad de cada persona, cliente, mercado o entorno.

El Arquitecto conoce los reglamentos y cuenta con un grupo de profesionales que lo apoyan y harán que la obra tenga la menor cantidad de sorpresas en su proceso.

Estas dos facetas no solo ofrecen soluciones de calidad, sino repercuten en una reducción en el costo del proyecto y obra.

La compra o adquisición de un terreno- El hacerse de un buen terreno representa un cambio importante en el patrimonio, es una inversión muy importante. No es cuestión únicamente de vendedores, sino que, dada su naturaleza permanente, requiere de una evaluación profunda de sus características físicas y legales para determinar si tiene puntos delicados o es una excelente oportunidad de inversión.

Además de la experiencia en estudios de factibilidad y conocimiento del mercado, es necesario contar con un grupo experto de profesionales en Bienes Raíces para localizar el terreno (o en su caso edificación) más adecuado para el proyecto que se desee desarrollar.

No es necesario comprar un terreno para iniciar un negocio inmobiliario, hay muchos esquemas en los que se puede prescindir de la compra para lograr el objetivo, el terreno, puede ser comprado a plazos, ser comprado como un porcentaje de las ventas, ser pagado a cambio de algunas unidades que se vayan a construir en el predio.

Los mecanismos legales para llevar a cabo esta operación pueden ser un fideicomiso, una compra venta con reserva de dominio, una compra venta simple con pagarés, o un contrato de asociación.

PLAN MAESTRO

Debe ser el objetivo de todo el cúmulo de estudios, análisis, planes y proyectos que realizará el desarrollador antes de dar el primer paso, es el resultado del trabajo de varios meses y diferentes disciplinas incluidas en un solo documento.

Este libro pretende darte las herramientas necesarias para que logres desarrollar por ti mismo un plan maestro, aunque no podemos predecir el futuro, con un plan maestro vas a estar en condiciones de lograr tu objetivo y estar preparado para las contingencias que puedan surgir en el camino.

EL CONTRATO

¿Qué tipo de contratos existen?

Primero hay que tomar en cuenta que los servicios son variables y cada cliente debe ser tratado de manera personalizada, por lo que cada contrato es diferente. De acuerdo con los servicios a prestar los principales son:

Contrato de Proyecto. En este contrato se especifican todos los servicios profesionales por el Diseño Arquitectónico en todas sus fases, Diseño de Instalaciones, Diseño Estructural y Diseño de Instalaciones Especiales, sus tiempos y su forma de Pago.

Contrato de Obra. En éste se especifica todo lo referente a la Construcción, incluye la Supervisión Arquitectónica, Supervisión de Obra, Flujos de pago, Costo de la Construcción, Estimaciones, Presupuesto a Detalle de Material y Mano de Obra y Garantías, entre otras.

Contrato de Gestoría. Este contrato especifica los servicios profesionales de trámites y obtención de licencias, para resolver los aspectos legales de una obra.

Contrato de Servicios Inmobiliarios. En este contrato se especifican los servicios profesionales en lo referente a compraventa de inmuebles, avalúos o todo lo concerniente a las regularizaciones de un terreno en su aspecto físico, legal y financiero.

Por la forma de pago tenemos:

Contrato por Administración. En este caso se manejan los recursos cobrando un porcentaje por concepto de honorarios e indirectos basados en el Costo Paramétrico de Diseño y Construcción. Cada semana se recibe un anticipo y se comprueban los gastos de materiales, mano de obra y servicios realizados la semana anterior. A este importe se suma el porcentaje pactado de honorarios; el documento resultante se le llama estimación.

Contrato por Precios Unitarios. Este se refiere a la cotización a detalle de diseño y construcción (material y mano de obra) agregando los indirectos y honorarios en cada concepto, haciendo incrementos porcentuales de inflación sobre la base de incremento del Índice de Precios que emite el Banco de México o incremento de los salarios mínimos. Este procedimiento es el más recomendable para realizar obras de larga duración, como las del Gobierno o Inmobiliarias.

Contrato a Precio Alzado. En este usted se despreocupa de suministrar recursos constantemente. Sobre la base del costo paramétrico de Diseño y Construcción se agrega el porcentaje pactado por concepto de indirectos y honorarios liquidando el servicio en uno o dos pagos.

Contrato de Servicios Profesionales (para otros servicios). Cuando se nos requiere para un servicio diferente al Diseño y Construcción, se hace un contrato de servicios profesionales o en su caso (según el monto de inversión), una orden de trabajo, el importe del cual varía según el servicio que se requiera.

EL CONTRATO DE PROYECTO

¿Qué servicios se especifican en un contrato de diseño?

Los Estudios Preliminares a realizar, los alcances del Anteproyecto, los componentes del Proyecto Ejecutivo y el detalle de lo que se necesita para iniciar la construcción.

Los Estudios Preliminares

Son los análisis que se tienen que hacer antes de iniciar el Diseño. Algunos de estos son: Estudio de Mecánica de Suelos, Levantamiento Topográfico, Costo Paramétrico, Plan Maestro, Programa Arquitectónico y cualquier otro estudio preliminar especial.

El Anteproyecto

Es la parte más importante de los servicios de un Arquitecto, ya que es donde se manifiesta su creatividad que lo caracteriza, aquí se desarrolla en planos preliminares la idea del proyecto, ofreciendo alternativas de solución, funcionales, de forma, de estilo y donde se logra la diferencia de un proyecto para hacer una construcción o la creación de una obra de arte, además en esta etapa se previene futuras complicaciones que abaten costos innecesarios en la obra, ya que es más fácil modificar diseños en papel que "tirar tabiques". En el Anteproyecto debemos contemplar: croquis de diferentes alternativas, presentación de láminas a color del diseño en plantas, cortes y fachadas con claridad y auxiliado por la computadora, maqueta volumétrica, perspectivas y apuntes de algunos detalles decorativos.

El Proyecto Ejecutivo

Es la parte del proyecto donde se ejecutan los planos técnicos definitivos para la gestión y obtención de Licencias y los que se usarán para la Construcción. En esta etapa intervienen diversos profesionales coordinados por el Arquitecto para llegar a una solución integral de excelente calidad. (Además del Arquitecto: Ing. Civil, Ing. en Instalaciones Electromecánicas, etc.)

Planos Arquitectónicos. Son los planos técnicos para la Construcción que plasman el Funcionamiento, forma y estilo del Inmueble y estos son los que marcan la pauta sobre los otros planos, a saber: Planos de Conjunto, Plantas Arquitectónicas,

Cortes, Fachadas, Albañilería, Acabados, Detalles y Cortes por Fachada, Carpintería, Herrería, Cancelería, y Vidrio, Memoria Descriptiva del Proyecto.

Planos Estructurales. Son los planos que plasman el diseño estructural, el " esqueleto del edificio " y la cimentación, en esta última hay que considerar el tipo y topografía del terreno, ya que una mala elección de terreno puede producir gastos muy fuertes de cimentación y en algunos casos también de estructura. Consta de : Planos de Cimentación, Losas, Trabes, Detalles Constructivos y Memoria de Cálculo, estos planos deben especificar el tipo, cantidad y resistencia del acero y concreto.

Planos de Instalaciones. Son los planos que sirven para la ejecución e instalación de los servicios, de luz, agua, gas, desagües y todo lo referente a estos aspectos. Se componen de:

Planos de Instalación Hidráulica y Sanitaria. Red en planta, red en corte, detalle de baños, isométricos, Cisterna, fosa séptica, cárcamo de bombeo, tanque hidroneumático, planta de tratamiento de aguas negras, Instalación de alberca, memoria hidráulica y sanitaria, estos planos deben de especificar el tipo y material de tubería.

Planos de Instalación Eléctrica. Distribución y tipo de iluminación, acometida eléctrica, cuadro de cargas, memoria eléctrica, subestación (esta, en algunos casos).

Planos de Gas. Distribución y red en planta, red en corte, isométricos, tanque de gas, guía mecánica de cocina, guía mecánica de cuarto de máquinas y caldera (en su caso).

Planos de Instalaciones Especiales. Son los planos adicionales que por las características del inmueble se tienen que tomar en cuenta, como: Aire Acondicionado, Telefonía, Circuito Cerrado de TV, Sistema de Iluminación Solar, Sistemas Inteligentes, etc.

ELEMENTOS DE UN BUEN PROYECTO

El Anteproyecto

Es la parte más importante del diseño, es donde el arquitecto plasma su conocimiento, si manejo de los espacios y las áreas, es donde reconocemos su capacidad para solucionar el funcionamiento de una vivienda, si el baño está lejos o cerca, si la cocina funciona o hay cruces innecesarios de flujo dentro de la misma, se ve la forma y su función trabajando al mismo tiempo, vemos cómo reconoce o ignora el entorno y el contexto del predio y nos daremos cuenta de su capacidad para resolver problemáticas básicas como desniveles en el terreno, esquinas, vialidades primarias y secundarias, si se adapta a los aspectos legales y físicos del predio de manera natural o si es una adaptación forzada, nos daremos cuenta de su experiencia o simplemente de su falta de ella.

El Arquitecto debe ser el creador de soluciones, es el que va a llevar a nuestro desarrollo al siguiente nivel: a que sea conocido, que guste, que se venda, que sea agradable a la vista o un edificio más en la ciudad.

El Arquitecto profesional no es un constructor simple y llano, es un creador de soluciones de necesidades humanas convertidas en espacios que son obras de arte.

El funcionamiento en un proyecto

Es la distribución e interrelación adecuada de los espacios propuestos por el cliente en el cuestionario y plasmados en el Programa Arquitectónico. Para verificar que un proyecto es de calidad en el funcionamiento se deben considerar los aspectos siguientes.

Que el proyecto contenga todos los espacios requeridos, que los espacios tengan exactamente el área adecuada, que los mismos espacios sirvan para la actividad humana que se va a desarrollar, que se abata la superficie dedicada a circulaciones y espacios muertos, que se tome en cuenta la altura de los entrepisos de acuerdo a la escala humana y sensaciones que se quieran proporcionar, que se consideren las vistas del terreno, adaptar el proyecto a la topografía del terreno, evitar en lo posible desfasamientos estructurales en los entrepisos evitando que estos elementos perjudiquen la estética y costo del edificio, proponer detalles visuales interiores, que tenga suficiente luz natural, que conserve (por su diseño) de forma natural una temperatura de confort para el ser humano independiente de la zona geográfica, considerando orientación, vientos y Materiales de Construcción, aprovechar al máximo zonas para áreas verdes, adaptarse a la reglamentación local.

Existen reglas de distribución arquitectónicas en provecho del funcionamiento que el Arquitecto capaz debe conocer a fondo.

La Forma del edificio

La Forma se define como la geometría de la fachada del edificio sobre la base de la composición armónica de cuerpos geométricos regulares o irregulares. En el diseño Arquitectónico la Forma se adapta al Funcionamiento (salvo en edificios muy excepcionales), en la composición de la Forma se visualiza el "Estilo del Arquitecto", tomando en cuenta los parámetros de estética que conforman una obra de arte en formas escultóricas.

Algunos de los elementos que se deben considerar para el diseño de la forma son: ritmos visuales, movimiento, simetría, orden, proporción, escala, integración armónica de formas, equilibrio, paisaje, adaptación de la geometría al terreno, explotación de la luz (claros y obscuros), integración de los colores y texturas de los materiales y elementos estructurales, diseño de accesos, etc.

La combinación en el Diseño de Funcionamiento y Forma se llama el " Estilo del Arquitecto ", pero, ¿qué es el "Estilo Arquitectónico?"

Es el que se da con base, principalmente, en la zona Geográfica en que se ubicará la construcción, de acuerdo con la reglamentación local, y se manifiesta en el diseño. Se expresa por medio de los materiales, formas, acabados, elementos decorativos y ejecución en planta de los principios de cada uno de los diversos estilos arquitectónicos.

Estilos Arquitectónicos

De los más populares son:

Moderno de Ciudad Grande, Moderno, Postmoderno, Neoclásico, Campirano, Rústico, Colonial Mexicano, Nuevo México, Campirano Europeo, Mediterráneo, Art Noveau, Tipo Chalet, Californiano Moderno, Oriental, Minimalista, Contemporáneo
Es muy importante señalar que el estilo debe ser manejado cuidadosamente de acuerdo al entorno. De otra manera un edificio hermoso si se le considera aisladamente, "brincará" a la vista de modo desagradable si no armoniza con el entorno.

EL TIEMPO Y COSTO DEL PROYECTO

El tiempo varía de acuerdo con la complejidad del edificio. Por ejemplo, en una residencia normal de aproximadamente 350 m2 de Construcción y 500m2 de Terreno nos toma 15 días hacer el Anteproyecto y 40 días el Proyecto Ejecutivo. Si se trata de edificios complejos o muy grandes, como un hospital o un hotel, el proyecto puede tomar hasta un año, sin contar con los estudios de factibilidad y de mercado.

Costo de un Proyecto

Depende del contrato que se desee hacer y del tipo de obra que se va a ejecutar.
Si es una residencia nueva, se cobra un porcentaje que va del 2% al 4% del Costo de construcción que tendría el edificio a la fecha de la

firma del Contrato.

Si es una obra de gran envergadura el porcentaje puede variar por esos números aproximados, aclarando que este porcentaje no incluye el costo de Trámites legales y Licencias.

Una vez que establecimos la parte del proyecto y las opciones del profesional para el desarrollo del mismo, podemos pasar a los costos propios del desarrollo inmobiliario.

Al principio del libro, dejamos claro que la planeación es la parte más importante de un desarrollo inmobiliario, por lo que la planeación del costo es vital para poder hacer un desarrollo exitoso.

LA PLANEACION INMOBILIARIA

Tomaremos en cuenta todo lo anterior para iniciar el proceso de la planeación inmobiliaria.

Para lograrlo, necesitamos reunir muchos elementos que juntos, confirmarán la guía o nuestro mapa, los pondremos en orden para llevar el mejor control de nuestra promoción, algunos se desarrollarán en paralelo, otros deberán ir antes que otros, al final, tendremos un escenario claro con pautas muy precisas para dar los siguientes pasos, así que teniendo las nociones básicas de un terreno, sus aspectos físicos y legales, sabiendo lo que es un proyecto y lo que conforman sus partes, necesitamos profundizar en el uso de suelo del terreno.

EL USO DE SUELO

El uso de suelo específico nos dicta qué es lo que podemos construir en nuestro predio, lo obtendremos de la alcaldía y especificará el CUS y el COS, así como la vocación de nuestro predio; cada terreno tiene un uso en la ciudad de acuerdo a la planeación urbana, esa es la razón por la que cada terreno tiene limitaciones de uso, alturas, cantidad de metros y diversos permisos de hacer y no hacer.

CUS, es el Coeficiente de Utilización del Suelo, es decir, el número de niveles y las veces de la superficie que podemos construir en nuestro predio.

COS, Coeficiente de Ocupación del Suelo, que es el porcentaje del terreno que podemos ocupar y el porcentaje que debemos dejar libre.

Ejemplo: Nuestro predio mide 900m2 y tiene un COS del 60%, lo que significa que podemos ocupar el 60% de ésos 900m2, que resulta en 540m2, el resto debemos dejarlos libres. También tenemos un CUS de 4.0, lo que significa que podemos construir 900 x 4.0= 3600m2 en 7 niveles y un máximo de 12 viviendas. Por tener una literal B (baja ocupación).

Teniendo en cuenta lo anterior, es necesario realizar un Estudio de Mercado para saber la vocación de nuestro predio.

LA UBICACIÓN

En inglés hay una frase de éxito para el desarrollo inmobiliario: "Location, Location, Location."

Se refiere a que la ubicación lo es todo en un desarrollo inmobiliario, no importa si el precio está fuera de rango, si el proyecto no es el mejor, si el producto no concuerda con la zona, siempre, SIEMPRE, la ubicación prevalecerá. Por el otro lado, si nuestro proyecto es el mejor, si nuestro precio está por debajo del mercado, si el producto excede las expectativas del mercado, pero la ubicación no es la adecuada, no habrá manera de vender ese desarrollo.

El errar con la ubicación es el más común de los errores inmobiliarios, algunos otros errores son que el producto no corresponde a la zona, o el precio no es el que se puede esperar en ese entorno, no importa cómo hayamos llegado a cometer la equivocación, al darnos cuenta, es necesario corregir, el error fatal no es equivocar la ubicación, lo que mata a un desarrollo es no corregir de inmediato.

Una vez establecida la importancia de la ubicación en un desarrollo inmobiliario, pasaremos a ampliar el tema de la ubicación.

Cómo vamos a escoger un predio es algo que debe ser nuestro día a día como desarrolladores: considerando que la ubicación es por encima de los demás puntos lo más importante, el precio es un factor que juega un papel principal, no podemos dejar de lado el costo de la tierra cuando analizamos el proyecto a modo de SERVILLETA de manera preliminar, pero lo que hace que un predio valga cada peso que voy a pagar por él, es lo que yo pueda construir encima, es decir, el uso de suelo del predio en cuestión, si un terreno tiene una densidad muy baja y me permite construir una o dos viviendas, no habrá margen para jugar con la combinación de ofertas que yo pueda hacer y dependeré absolutamente del precio al que venda esa o esas dos propiedades, en cambio, si tengo un potencial de desarrollo alto, puedo tener la oportunidad de diseñar algo que satisfaga las necesidades del mercado y me permita obtener ingresos suficientes para ofrecer una gama de productos que me ayuden a alcanzar el éxito económico del proyecto. Cada día, la sociedad y su forma de desarrollarse, cambia. Y debemos estar preparados para responder a ese cambio de forma que lo que diseñemos, sea lo que el mercado necesita.

En las ciudades grandes como Ciudad de México, Monterrey, Guadalajara, Tijuana, Ciudad Juárez, Toluca, Mérida, Mexicali, Querétaro, etc. Las necesidades de vivienda son diferentes a las del resto del país y como tal, debemos estudiar cada ciudad de acuerdo a sus necesidades, crecimiento, leyes, costumbres y usos. No podemos diseñar de forma que el proyecto pueda existir en Ciudad de México y Mérida de la misma forma; en alguno de los dos casos, será totalmente disfuncional. Cada proyecto se tiene que diseñar y adaptar a la ciudad que pertenece, posteriormente, a la zona y, por último, a la colonia. Tenemos que llegar al detalle de diseñar de acuerdo a la calle en la que nuestro proyecto será desarrollado.

La ubicación será determinante para la toma de muchas decisiones, ya que hay factores que influyen en cada caso y se determinan por la ubicación.

EL ESTUDIO DE MERCADO

Tener un buen estudio de mercado es vital para cualquier proyecto, lo ideal es realizarlo con una empresa dedicada a ello, ya que son los especialistas en poder detectar posibles errores en nuestra apreciación y son quienes nos darán una guía detallada de lo que debemos o no debemos hacer.

Nuestro éxito radica en conocer el mercado antes de invertir cualquier cantidad, el estudio de mercado nos dará una idea muy clara del futuro de nuestra inversión sin haber gastado un peso, no puedo enfatizar lo suficiente en lo importante que es este estudio en cualquier negocio inmobiliario.

Una vez establecido lo que es un proyecto, cómo iniciar el proceso de búsqueda, la ubicación de nuestro desarrollo y habiendo analizado en una SERVILLETA el proyecto, con un estudio de mercado en la mano y habiendo corregido los posibles errores de nuestro proyecto; podemos iniciar nuestro estudio en forma del mismo.

Vamos a desmenuzar a detalle cada parte del desarrollo, de manera que el análisis que haremos va a ser nuestra guía para hacer una oferta por el predio y será nuestro guion a seguir los próximos meses, por lo que lo haremos lo más detallado posible para evitar errores costosos que podían haberse evitado en la planeación.

EL ANÁLISIS DE UN PROYECTO

En este capítulo desarrollaremos el análisis del proyecto a detalle, en este, iremos hasta lo más pequeño que pueda alterar nuestro resultado, contemplaremos todos los factores que intervienen: económicos, sociales, humanos, legales y físicos.

1.- PREMISAS CONOCIDAS Y CONTROLADAS
PREDIO. - Ubicación, Estado actual, Estado legal, Uso de suelo, Factores económicos, Factores físicos, Precio.
MERCADO. - Necesidades de vivienda en la zona, Precio de las viviendas en la zona, Preferencia de los consumidores por la ubicación del predio, Tamaño de la oferta en la zona, Desplazamiento de las unidades ofertadas en la zona.

2.- PREMISAS CONOCIDAS Y NO CONTROLADAS

FONDEO. - Podemos asegurar el Fondeo del proyecto antes de iniciar la obra, es la manera más segura de trabajar, sin embargo, la mejor manera de garantizar un fondeo, es habiendo iniciado y la financiera se sentirá más tranquila de prestar capital a un proyecto con avance, de la misma manera, los clientes se sentirán más seguros al ver avance físico y no solo láminas de lo que será en algún momento su nuevo hogar. Sin embargo, no podemos asegurar que el Fondeo se mantenga por siempre, o que la tasa variable de intereses no se dispare son control, es por esta razón que siempre trataremos de tener controlada esta variable de forma que no tengamos que parar o bien, perder las utilidades en los intereses.

VENTAS. – Aunque contamos con un estudio de mercado y debemos de haber seguido la guía del mismo estudio para diseñar el producto como lo pide el mercado, puede existir la posibilidad de que se haya modificado el gusto o la necesidad del público en el tiempo que tardamos en elaborar el proyecto y obtener las licencias, por lo que tenemos que estar seguros de que el proyecto pueda pivotar en el sentido que el mercado lo demande, es decir, podamos cambiar , modificar algo en nuestro diseño que haga que el proyecto permanezca en el gusto del público y en las preferencias de los consumidores finales.

SITUACION POLITICA. – En los países de Latinoamérica, y cada vez más del mundo, la situación política juega un papel importantísimo en cualquier emprendimiento que hagamos, el día de hoy puede ser que el clima político esté tranquilo, pero en un año cambiará porque se acerque la época electoral y el encargado de la zona territorial de nuestro proyecto, que era quien antes nos apoyaba, ahora nos detenga por no convenir a sus intereses políticos.

Necesitamos estar seguros que la zona sea de bajo riesgo político, por factores como la densidad poblacional, el suministro de servicios, la accesibilidad, los medios de transporte, todo lo anterior, puede hacer que lo que antes era un proyecto viable para la municipalidad, el día de mañana sea totalmente inviable por la cantidad de viviendas o el aumento en el consumo de agua, luz, drenaje, etc.

El acotar el riesgo tal vez sea el secreto del éxito detrás de la ubicación.

A partir de este momento, estamos en posibilidades de realizar un análisis profundo, tenemos los suficientes datos para llevar a cabo una corrida financiera que será a todo lo largo del camino, nuestra guía, debemos en todo momento, seguir al pie de la letra esta guía y tratar de corregir el camino en el momento que se detecte algún cambio respecto al modelo que tenemos trazado.

Haremos un ejercicio muy sencillo al que llamaremos la "servilleta", su nombre viene relacionado a que es un cálculo rápido que nos ayuda determinar si se puede hacer el negocio o no sin perder mucho tiempo y que es generalmente llenado en una comida de negocios o en un avión, sobre una **servilleta**. Y será nuestro punto de partida para saber si hay futuro en el negocio inmobiliario de algún terreno en particular o necesitamos buscar otra opción.

LA SERVILLETA

Le llamaremos así porque es un ejercicio tan básico que podríamos hacerlo en una servilleta en la sobremesa de cualquier restaurant platicando con un amigo, es la manera en la que nos daremos cuenta si tiene sentido el negocio o no.

No todos los proyectos son tan sencillos como para poder plasmarlos simplemente en una servilleta, pero nos dará idea si tiene futuro nuestro negocio, si es necesario pulir algunos puntos o si es totalmente desechable.

Para iniciar, tomaremos en cuenta lo que se pueda desarrollar en el terreno en cuestión, trataré de hablar en términos generales para que sea adaptable a cualquier lugar en el planeta:

SERVILLETA 1

4 VIVIENDAS Y PREDIO DE $7'000,000.00

Supongamos que nos ofrecen a la venta en $7'000,000.00 un terreno de 1,000m2 donde existe una construcción de 200m2 y el uso de suelo nos permite construir cuatro (4.00) viviendas.

A partir de aquí, debemos hacer un análisis de la zona y ver qué es lo que se está vendiendo a nuestro alrededor o lo que se necesita en la ubicación, por lo que supondremos que son cuatro viviendas de 110m2

De acuerdo a la zona, sabemos que la venta supone un ingreso de $4'000,000.00 por vivienda, lo que nos da un total de ingresos de $16'000,000.00 a partir de ahí debemos evaluar nuestro proyecto para saber si es viable.

Como lo mencionamos, tiene una construcción, por lo que no sabemos si está en buenas condiciones, si se puede usar para adecuarla y tomarla como base para las dos viviendas que pretendemos vender, para fines de este ejercicio, supondremos que no nos sirve y es necesario demolerla, por lo que debemos considerar los costos de permisos de demolición, la demolición, el acarreo de los materiales resultantes de la demolición y la limpieza del terreno.

Posteriormente, consideraremos los gastos de la comisión de ventas a razón del 5% sobre el precio de venta y el 1% de promoción y publicidad.

El costo de construcción comprende cimentación, estructura, superestructura, instalaciones y acabados, le daremos un costo paramétrico por m2 de $10,000.00, al ser 4 departamentos de 110m2, son 440m2, más el 20% de circulaciones y áreas comunes, otros 88m2, nos arroja un total de 528m2

Siempre tenemos que considerar los costos de licencias, permisos, factibilidades y para efectos prácticos lo podemos considerar como un porcentaje del 4%

El costo del proyecto será del 3% al 5%, para esta ocasión usaremos el 3% por tratarse de un proyecto sencillo que no representa mayor reto.

Por lo tanto:

PREMISAS

4 departamentos de 110m2 a $4'000,000.00 para un total de $16'000,000.00
528m2 de construcción con un costo de $10,000.00/m2
3% sobre $16'000,000.00 de proyecto
4% sobre $16'000,000.00 de licencias, permisos y trámites
1% sobre $16'000,000.00 de promoción
5% sobre $16'000,000.00 de comisión de ventas
Costo del predio $7'000,000.00
Demoliciones de 200m2 a un costo de $3000.00/m2

ANALISIS DE SERVILLETA 1

VENTA (A)	4.00	$4,000,000.00	$16,000,000.00
Menos:			
PREDIO			$7,000,000.00
CONSTRUCCION	528.00	$10,000.00	$5,280,000.00
PROYECTO	3%	$16,000,000.00	$480,000.00
LICENCIAS	4%	$16,000,000.00	$640,000.00
PROMOCION	1%	$16,000,000.00	$160,000.00
COMISION VENTAS	5%	$16,000,000.00	$800,000.00
DEMOLICIONES	200.00	$3,000.00	$600,000.00
SUBTOTAL GASTOS (B)			14,960,000.00
UTILIDAD BRUTA A-B			1,040,000.00
PORCENTAJE DE UTILIDAD SOBRE VENTAS			6.50%

De acuerdo al esquema anterior, podemos ver que la utilidad es menor al 10% antes de impuestos y a esto debemos agregar los gastos indirectos de la administración, nuestros gastos diarios para ir y venir al sitio de la obra o para ver clientes, o las reuniones que se tienen con proveedores, contratistas y demás gastos generales.

En un principio, vemos un número positivo, pero si agregamos todos los gastos que no se miden fácilmente, nos daremos cuenta que no es un negocio que nos convenga llevar a cabo.

A partir de este momento, podemos retirarnos de la oferta o buscar la manera de que sea un negocio rentable, tal vez incrementando la cantidad de viviendas, o subiendo el precio de venta, también podemos tratar de mejorar el precio de compra del predio, este análisis tan simple que acabamos de realizar sirve para darnos cuenta dónde es que se va a necesitar ajustar nuestro proyecto, en este caso, podemos ver que el precio del predio representa un 43% del total de la venta, lo que hace totalmente inviable el negocio, claramente, urge renegociar el valor de la tierra hasta el punto en el que la utilidad bruta resultante nos parezca cómoda para trabajar y partiendo de ahí, buscaremos mejorar otros aspectos del desarrollo en cuestión.

SERVILLETA 2

12 VIVIENDAS PREDIO DE $7'000,000.00

Para este ejemplo, consideraremos que tenemos la propuesta de otro predio que vale los mismos $7'000,000.00 con una superficie de 900m2 sin construcciones y que el uso de suelo nos permite construir 12 viviendas.

Después de hacer un comparativo de precios en la zona entre las viviendas existentes y las que se ofrecen nuevas en venta, llegamos a la conclusión de que el producto para vender son departamentos de 90m2 a un precio inicial de $2'900,000.00 aunque sabemos que la oferta llega hasta $42,000/m2, podemos iniciar con un supuesto de $30,000/m2

Por lo que la venta total será de $34'800,000.00

Con lo anterior ya tenemos un punto de partida para poder analizar la viabilidad del negocio y decidir si vamos más a fondo en el análisis.

Iniciaremos el análisis considerando que las viviendas suponen más niveles de construcción, por lo que el precio de construcción deberá ser acorde al tipo de obra que debemos hacer, son departamentos de 90m2 en un terreno de 900m2, si consideramos 4 departamentos por nivel, más las áreas comunes, nuestra superficie de desplante será de 432m2, lo que nos deja libre 468m2.

Para la construcción vamos a suponer un costo de $12,000/m2 para 3 niveles, ya que los 468m2 libres nos dan espacio suficiente para el estacionamiento, no tenemos que gastar en excavaciones adicionales ni construcción de estacionamientos subterráneos.

Entonces, para la construcción son 432m2 por nivel por 3 niveles, con un total de 1,296m2 a un costo paramétrico de $12,000/m2

Agregamos los gastos de Comisión de ventas del 5%, el 1% de

promoción y publicidad

Costos de licencias, permisos y factibilidades del 4%

Costo del proyecto será del 4% ya que consideraremos un edificio de 3 o posiblemente 4 niveles si consideramos un estacionamiento techado y el resto del terreno libre.

De acuerdo a lo anterior:

PREMISAS SERVILLETA 2
12 departamentos de 90m2 a $2'900,000.00 para un total de $34'800,000.00
1,296m2 de construcción con un costo de $12,000.00/m2
4% sobre $34'800,000.00 de proyecto
4% sobre $34'800,000.00 de licencias, permisos y trámites
1% sobre $34'800,000.00 de promoción
5% sobre $34'800,000.00 de comisión de ventas
Costo del predio $7'000,000.00

ANALISIS DE SERVILLETA 2

VENTA (**A**)	12.00	$2,900,000.00	$34,800,000.00
Menos:			
PREDIO			$7,000,000.00
CONSTRUCCION	1,296.00	$12,000.00	$15,552,000.00
PROYECTO	4%	$34,800,000.00	$1,392,000.00
LICENCIAS	4%	$34,800,000.00	$1,392,000.00
PROMOCION	1%	$34,800,000.00	$348,000.00
COMISION VENTAS	5%	$34,800,000.00	$1,740,000.00
DEMOLICIONES	200.00	$3,000.00	$600,000.00
SUBTOTAL GASTOS (**B**)			27,992,000.00
UTILIDAD BRUTA **A-B**			6'808,000.00
PORCENTAJE DE UTILIDAD SOBRE VENTAS			**19.56%**

En este ejemplo podemos ver claramente que existe la posibilidad de hacer un buen negocio, por lo que vale la pena entrar a detalle en la revisión del mismo.

Para avanzar en nuestro conocimiento del desarrollo inmobiliario, utilizaremos como base este ejemplo y lo utilizaremos hasta llevarlo a detalle, será nuestra guía para lo que resta del libro, lo ampliaremos y desmenuzaremos en todas sus partes hasta llegar a tener un análisis profesional que nos servirá de base para poder realizar corridas financieras, proyecciones de ventas y modelos de utilización de fondeo. Haciendo esto, la utilidad bruta reflejada en la servilleta es seguro que variará, es ahí donde buscaremos la mejor manera de hacer que sea negocio y nos daremos cuenta, en dónde es que debemos tener cuidado o renegociar.

LA PROCURACION DE RECURSOS O FONDEO FINANCIERO

La piedra angular sobre la que se apoya un proyecto inmobiliario es el flujo de efectivo, un proyecto sin flujo está destinado al fracaso, sin flujo no avanzaremos en ningún sentido, para lograrlo existen varios caminos, analicemos a detalle cada uno de ellos.

OBTENCION DE RECURSOS

1.- Asociación, este modelo generalmente es el más socorrido, un grupo de amigos tienen un poco de capital y lo juntan con la finalidad de llevar a cabo el primer desarrollo, analizan a detalle los costos y cada uno aporta una parte de las necesidades, se ponen de acuerdo y realizan la inversión, esperan el producto de la venta y dividen el recurso obtenido, para esto, puede llevarse a cabo a través de un Contrato de asociación en participación.

2.- Crédito Puente, un esquema más profesional y que no siempre resulta sencillo de obtener es un crédito puente, se realiza a través de un banco o institución financiera y requiere que el terreno haya sido adquirido en su totalidad ya que se quedará como garantía del pago, que se haya elaborado el proyecto con los estudios necesarios y se hayan obtenido los permisos y licencias para llevarlo a cabo, es deseable aunque no indispensable que la obra esté iniciada y se encuentre en promoción comercial, lo ideal es que existan clientes que genuinamente estén interesados y hayan depositado su confianza con el desarrollador dando un anticipo o apartado y firmado una carta de intención de compra al menos o un contrato de compraventa.

El Crédito puente funciona de la siguiente forma: el banco autorizará el fondeo a razón de un 60% del valor de la construcción de la vivienda sin incluir ningún tipo de gasto para la obtención de licencias ni elaboración de proyectos, siempre preferirá que todos esos gastos sean por parte del desarrollador, no correrán con ningún riesgo, simplemente será un negocio de intereses para ellos, en realidad, las instituciones financieras no apuestan por el desarrollo, ya que esto implicaría apostar con algún porcentaje de riesgo.

Si tu interés es buscar alguien que apueste por tu proyecto y por ti, el banco no es el camino, sus normas y regulaciones internas acotan mucho el riesgo que están dispuestos a correr, por lo que siempre es deseable tener una fuente alterna de fondeo, aunque el interés sea un poco mayor, sin embargo, el recurso bancario es la opción más económica, mi sugerencia a este respecto, es encontrar un banco que tenga un área hipotecaria experimentada y que entienda las necesidades del desarrollador, se puede lograr una buena mancuerna si el banco aporta personal capaz y sensible al desarrollo inmobiliario.

El banco ministrará el dinero basado en el avance de la obra y será el primero en cobrar una vez que se venda la o las propiedades.

3.- Preventa, es el método más socorrido por los desarrolladores y el que preferentemente recomiendo si vas a iniciar desarrollando. Funciona de la siguiente manera: Una vez que hayas escogido el predio donde desarrollarás, y tengas claro el tipo de proyecto que llevarás a cabo, deberás desarrollar el proyecto ejecutivo completo, al mismo tiempo que obtienes la exclusiva para el predio o bien das un anticipo de compra para el mismo, fijas un plan de pagos e inicias la comercialización del proyecto, es una apuesta con algunos riesgos, por lo que tendrás que buscar una negociación del predio donde no existan las penalizaciones en caso de no poder acabar de pagar el predio o de que se tome más tiempo del previsto.

Como recordarás, el estudio de mercado debe decirnos qué tipo de producto y a qué precio debemos hacer, por lo que tu estrategia de venta será clave, en tu corrida financiera deberás buscar el mejor precio que puedas dar sin sacrificar utilidad con una tasa de descuento en el tiempo, es decir; estoy vendiendo 12 departamentos a un precio de $2'900,000.00, pero si vendo en los primeros 3 meses, puedo bajar el precio a razón de un 18%, porque es el precio que me resulta igual a que si los vendiera al mes 6 u 8 pagando intereses al banco o a algún prestamista o inversionista, por lo que de alguna manera, no estoy perdiendo nada, simplemente, estoy dejando de obtener un financiamiento con el banco, financiera o asociándome con alguien y repartiendo la utilidad.

La base del éxito en este caso, es el análisis del sitio, del entorno y del proyecto arquitectónico, debe ser atractivo a la vista, funcional y a todas luces, un proyecto de calidad, reflejo del trabajo y el empeño que pongamos a nuestro producto.

Una vez que hayamos vendido una o dos unidades, recortar el descuento que ofrecíamos en un principio y tal vez ofrecer un descuento del 8 al 10%, esto nos ayudará a seguir vendiendo y obteniendo recursos para avanzar, posteriormente, los siguientes departamentos se podrán vender al precio base sin descuento y al final del proyecto, cuando queden 3 ó 4 unidades, estaremos en posición de evaluar si podemos subir el precio y de esta manera recuperar lo que ofrecimos de descuento en las primeras unidades.

No debemos olvidar que las últimas unidades en venta son las que representan nuestra utilidad, son las que nos darán el impulso para el siguiente proyecto.

Una vez que tenemos claro que si va a ser negocio, que nos interesa invertir e iniciar el proceso, que hemos decidido cómo lo vamos a llevar a cabo y de qué forma nos haremos del recurso necesario, iniciaremos nuestro proceso, antes de hacerlo, haremos un plan detallado de nuestra inversión y siempre consideraremos al menos dos fuentes de fondeo, también haremos nuestras corridas financieras con 3 escenarios, el Escenario Base (Base Scenario), El Mejor Escenario (Best Case Scenario) y el Peor Escenario (Worst Case scenario), la razón de hacerlo así es que llevaremos al máximo stress nuestro modelo económico para detectar hasta dónde podremos aguantar en caso de que las licencias se lleven más tiempo del planeado, o de que las ventas tarden más en realizarse, o bien, que el notario se lleve mucho más tiempo del planeado en la escrituración del inmueble a nombre de mi cliente y por consiguiente, yo tarde más en cobrar mientras pago intereses mensualmente por el dinero que pedí para llevar a cabo el desarrollo, o bien, que mis fondeadores quieren retirarse con su capital.

Empecemos con lo que conocemos a modo de lista:

PREMISAS CONOCIDAS Y CONTROLADAS
Tengo un predio que cuesta $7'000,000.00
Puedo construir 12 departamentos en ese predio
El mercado acepta un precio de $2'900,000.00 por cada departamento
Puedo obtener las licencias en 3 meses
La obra tiene un costo de $12,000.00/m2
Los costos de proyecto son de $1'392,000.00
Las demoliciones cuestan $600,000.00
Las licencias tienen un costo de $1'392,000.00

Todas las anteriores premisas deben haber sido revisadas a detalle y haberse obtenido contratos en cada uno de los casos, de forma que podamos garantizar que no se incrementarán por ningún motivo los precios, es importante mencionar, que antes de cerrar contratos, siempre podemos mejorar nuestra negociación; podemos ofrecer un mejor trato para todos en el caso del predio como por ejemplo: revisaremos el porcentaje que representa nuestro terreno sobre las ventas y pediremos al dueño de la tierra que mejore el precio, a cambio, nosotros buscaremos incrementar el precio de venta de los departamentos en el tiempo, de forma que si vendo más, él recibirá un porcentaje fijo de cada venta, de esta manera, si tardo mucho en vender, siempre recibirá más dinero ya que la oferta de los departamentos se revalorará con el tiempo o bien, buscaré incrementar la cantidad de departamentos que se me permite construir, de forma que al estar recibiendo su pago basado en un porcentaje de las ventas, su pago se incrementa en medida que la cantidad de departamentos se incrementa.

En el caso de las licencias, los costos son por m2, por lo que el proyecto deberá estar terminado para poder obtener el costo exacto y, por ende, las licencias.

Las demoliciones representan un costo, sin embargo, podemos obtener algún ingreso por vender los materiales obtenidos de la demolición a una empresa de reciclajes, recordemos que "la basura de unos, es la riqueza de otros".

Otra negociación que debemos tener asegurada y de manera inamovible, es el costo de la construcción, como lo vimos en un principio, hay varios tipos de contrato de obra, para este caso, nos conviene usar el **"contrato a precio alzado"**, ya que nos garantiza que el precio se quedará fijo y nosotros estaremos seguros de tener uno de los más importantes factores que influyen en nuestro negocio, totalmente controlado. Con el contrato a precio alzado, es imprescindible tener un supervisor de obra, ya que debemos garantizar que el proyecto se hace tal y como marcan los planos, no podemos arriesgarnos a que se obvien materiales de refuerzo o resistencias de materiales para ahorrar algo en la obra. En todo momento debemos tener presente que la calidad es nuestro sello y nuestra tranquilidad.

Una vez que las premisas conocidas y controlables se encuentran aseguradas, ya tenemos el 73% de nuestros gastos conocidos fijos y necesitamos hacer la lista de las premisas variables pero que de alguna forma podemos acotar sin que se conviertan en un riesgo.

PREMISAS VARIABLES CONTROLABLES
El Fondeo proviene de un crédito con una tasa de interés de TIIE + 8 puntos
El estudio de mercado dice que la absorción es de 0.8 unidades al mes
La comisión de ventas es del 5%
Los gastos de promoción y publicidad son del 1%

Cada una de las anteriores premisas variables son controlables de alguna manera y podemos ajustar en algún momento en el que se dispare alguna de ellas, la más peligrosa de todas es nuestra tasa de interés, ya que responde a factores externos a nosotros, la manera de hacerlo sería comprometer la preventa de algún departamento con un descuento atractivo para poder tener el recurso que nos ayude a cancelar el crédito o bien a pagarlo para que los intereses no se conviertan en un problema en el tiempo.

Las ventas pueden variar y ser más lentas de lo que nos dice el estudio de mercado, de forma que deberemos incentivar la venta mediante alguna estrategia comercial, ofreciendo algún incentivo a la fuerza de ventas, aumentando la exposición de nuestra publicidad o mejorando la oferta incluyendo algún electrodoméstico en el departamento.

La comisión de ventas, aunque está bajo contrato, siempre puede ser susceptible de cambiar de común acuerdo con el vendedor, se puede desarrollar un esquema de premios en el que, si el vendedor vende más de 2 propiedades, recibe un bono de un punto porcentual o algún otro premio, esto siempre será en beneficio del desarrollo, ya que lo más costos es no tener ventas, el negocio inmobiliario se basa en las ventas, es la manera en la que el negocio funciona.

Los gastos de promoción y publicidad no son fijos de ninguna manera, pueden subir o bajar, si la ubicación es privilegiada, no representarán un gasto significativo.

Antes de proceder a realizar el desglose de cada uno de los rubros y trabajar al detalle una corrida financiera, analizaremos la parte más importante de un desarrollo inmobiliario:

CORRIDA FINANCIERA O ANALISIS DE NEGOCIO INMOBILIARIO

BUSINESS PLAN

De los datos que obtuvimos al hacer la revisión del predio, los factores conocidos controlables y variables y del llenado de la servilleta, lo primero que haremos es un análisis del precio del mercado, sabiendo los rangos de precio en los que podemos vender y habiendo establecido el precio de $2'900,000.00 por un departamento de 90m2 y sabiendo que son 12 departamentos los que podemos construir, haremos un plan de precios con dos modelos, uno de 90m2 con 6 unidades y otro con 100m2.

Tomaremos esos dos modelos y simularemos que se venden dos a un precio por debajo del mercado con la intención de atraer ingresos del enganche, así como ventas, para asegurar el éxito del proyecto.

Quedando de la siguiente manera:

	1.0
DEPTO A	$2,800,000.00
DEPTO B	$3,100,000.00

Los siguientes departamentos los ofreceremos a precio de mercado, de acuerdo a lo planeado y cumpliendo con nuestra publicidad:

	1.0
DEPTO A	$2,900,000.00
DEPTO B	$3,200,000.00

A continuación, y buscando incrementar los ingresos, así como recuperar el descuento que hicimos en los primeros dos departamentos, venderemos con un pequeño incremento:

		1.0
DEPTO A	$3,000,000.00	
DEPTO B	$3,300,000.00	

Hasta el momento hemos vendido 6 departamentos, uno de cada precio que hemos usado en los ejemplos anteriores, posteriormente, estableceremos el precio de venta un poco por encima para los restantes 6 departamentos, logrando un precio de venta mayor al planeado originalmente.

En este momento, tenemos aseguradas las ventas del 50% del proyecto, cobrando el 100% de estas ventas, no garantizamos la total construcción con recursos propios, pero podemos bajar la utilización del crédito para evitar pagar intereses en demasía, recordemos que los intereses son una parte variable que no controlamos y esta es la manera de asegurar que no acabemos pagando más intereses de lo planeado y talvez, bajando el pago planeado que de manera inmediata se convierte en utilidad.

Para las últimas unidades queda así:

		3.0
DEPTO A	$3,100,000.00	
DEPTO B	$3,400,000.00	

De forma que la tabla del plan de precios proyectado es:

A	B	C	D	E	F	G	H
	PRECIO MERCADO	1.0	1.0	1.0	3.0	VENTA TOTAL	PRECIO PROMEDIO
DEPTO A	$ 2,900,000.00	$ 2,800,000.00	$ 2,900,000.00	$ 3,000,000.00	$ 3,100,000.00	$ 18,000,000.00	$ 3,000,000.00
DEPTO B	$ 3,220,000.00	$ 3,100,000.00	$ 3,200,000.00	$ 3,300,000.00	$ 3,400,000.00	$ 19,800,000.00	$ 3,300,000.00

Lo anterior nos da un precio promedio de $3'000,000 para el departamento de 90m2 y $3'300,000 para el de 100m2 con una venta total de $37'800,000

No es algo muy diferente a lo que se había visto en el estudio de la zona y nos da un margen adicional para analizar a detalle el proyecto, recordemos que seguimos analizando la posibilidad del proyecto, pero más a detalle de lo que la SERVILLETA nos permite.

Habiendo establecido los precios promedio con el modelo de plan de precios analizado anteriormente, las premisas conocidas controlables como el costo por metro cuadrado de construcción, los metros cuadrados de proyecto, el número de unidades, el costo de proyecto, costo de licencias, comisión de ventas pactada y las premisas conocidas no controlables, como la tasa de interés, el número de unidades vendidas al mes,

A continuación, integramos todas las premisas en un solo formato:

BUSINESS PLAN

ANALISIS DETALLADO SERVILLETA

Nombre del Proyecto:
No. De Meses de Duración: 18
No. De Etapas: 1

Mezcla
No. De Prototipos: 1

No. de Unidades	Etapa 1	Total
DEPARTAMENTO A	6	6.00
DEPARTAMENTO B	6	6.00
TOTAL	12	12.00

Area de las Unidades	Etapa 1	
DEPARTAMENTO A	90.00	
DEPARTAMENTO B	100.00	
PROMEDIO	95.00	95.00

Precio de Venta	Etapa 1	$/M2
DEPARTAMENTO A	$ 3,000,000.00	$ 33,333.33
DEPARTAMENTO B	$ 3,300,000.00	$ 33,000.00
PROMEDIO	$ 3,150,000.00	$ 3,150,000.00

Estacionamientos	Etapa 1	Total
Cajones a la venta:	N/A	
Precio de los cajones:	N/A	
TOTAL		-

Terreno

Valor del Terreno	Etapa 1	Total
Area (m2)	900.00	900.00
Costo por m2	$ 7,777.78	7,777.78
TOTAL	7,000,000	7,000,000

Construcción

Edificación	Etapa 1	Total
Costo por m2	$ 12,000.00	12,000.00
m2 de construcción total:	1,296.18	1,296.18
TOTAL	15,554,160.00	15,554,160.00

Comercialización	
Ventas	
Comisiones de Venta 4% (bonos ejecutivos 0.5%)	5.00%
% de comisión al enganche	30%
% a la escrituración	70%
Enganche	
Porcentaje de Enganche	10%
Apartado (% de Enganche a primer pago)	1%
Meses para cubrir enganche	1
Mes máximo para escriturar	4

Financiero		
Crédito Puente		
Línea de Crédito Puente (% sobre Vtas. Totales)	65%	
Anticipo (% sobre C.P.)	20%	
Comisión Apertura del desarrollo (% sobre C.P.)	0.020%	
Crédito Puente para Edificación y Urbanización		
Tasa de Interés para Crédito Puente	15.500%	TIIE + 4 PUNTOS
Monto de Crédito Autorizado	$ 24,570,000.00	
	Etapa 1	Total
Monto de Crédito Autorizado Por Etapa	24,570,000.00	24,570,000.00

Gastos de Administración	
Gastos Corporativos Desarrollador	2.00%

Ventas Totales		
	Etapa 1	
Ventas Totales		
	37,800,000.00	37,800,000.00

En este momento, la hoja de premisas está completa y podemos realizar el análisis financiero basado en estas premisas, este análisis financiero será la guía a seguir en el proyecto en caso de seguir para adelante o no. También nos ayudará a entender dónde debemos ajustar si queremos mejorar el negocio o si debemos rechazarlo por alguna razón que al principio nos parecía desconocida.

ANALISIS FINANCIERO

Este análisis es más profundo y comprende los rubros que afectan directamente al desarrollo, ya sea de una unidad o de miles. Al final, los costos siempre serán los mismos y pueden ser catalogados entre los siguientes:

1	COSTOS DE TERRENO
2	COSTOS DE PROYECTOS EJECUTIVOS E IMAGEN
3	COSTOS DE LICENCIAS, PERMISOS Y DERECHOS
4	COSTOS DE CONSTRUCCION
5	COSTOS DE COMERCIALIZACION
6	COSTOS DE INFONAVIT, SHF, FOVISSSTE
7	COSTO FINANCIERO DE DESARROLLO
8	PROVISIONES VARIAS
9	GASTOS DE ADMINISTRACION

Con esta guía, vamos a ampliar cada uno de los puntos de la siguiente manera:

1		COSTOS DE TERRENO
1	1.A	COSTO TERRENO
2	1.B	ESCRITURACION
3	1.C	TITLE INSURANCE
4	1.D	COMISION CORRETAJE
5	1.E	APEO Y DESLINDE
6	1.F	CERCADO PROVISIONAL Y CASETA DE VIGILANCIA

1 COSTOS DE TERRENO - Los costos de terreno son todos aquellos que se relacionan directamente con el mismo:

1.A COSTO TERRENO - la forma de pago puede ser un factor decisivo al momento de tomar un predio, siempre podemos encontrar un terreno que se vende y acepta formas de pago, ya sea a través de un plan de pagos o bien un porcentaje de las ventas, siendo este último, el más conveniente para las dos partes, ya que de esta manera, se va pagando confirme se va vendiendo y no perdemos liquidez al pagar el predio, también podemos negociar el pago a través de la entrega de las mismas unidades que se construirán en el mismo, es decir, si cada departamento va a venderse en $3'000,000 podemos ofrecer el pago de $1'000,000 y la entrega de dos departamentos, de esta manera, garantizamos la venta a valor comercial de dos departamentos, lo que nos deja por vender menos unidades, aseguramos el inmueble y el vendedor tiene dos departamentos nuevos que puede habitar, vender o rentas a la vez de que recibe liquidez con el pago de $1'000,000

1.B ESCRITURACION - ya sea que el predio se vaya a comprar o se aporte a un fideicomiso, el costo debe contemplarse y generalmente se basa a porcentajes dependiendo de la zona donde se ubique, algunos notarios cobran un poco más que otros, pero todo es susceptible a negociación

1.C TITLE INSURANCE - los gastos de investigación o seguro de título son una garantía de que no vamos a encontrarnos sorpresas en el camino, hay terrenos que por su ubicación pueden haber tenido muchos cambios de manos como sucede en el centro de las ciudades, el seguro de título nos garantiza la legítima propiedad de un inmueble a la vez que nos responderá en caso de haber tenido algún intercambio económico de por medio.

1.D COMISION CORRETAJE - generalmente se paga una comisión al corredor inmobiliario que constantemente está buscando oportunidades para nosotros, esta comisión puede variar dependiendo de lo que nos consiga y las condiciones en las que lo haga, hay corredores que hacen tan bien su trabajo, que no necesitamos negociar con el dueño del predio, ya todo quedó negociado y aceptado desde que se hizo el primer acercamiento por parte de nuestro corredor, por lo que se merece una mejor comisión. A lo largo del tiempo, vamos conociendo corredores a los que vale merece escuchar, algunos de ellos tienen el conocimiento del mercado al día y eso nos ayudará a tomar decisiones basadas en el estudio de mercado y la experiencia del corredor.

1.E APEO Y DESLINDE - el apeo y deslinde se realiza al momento de comprar y escriturar para evitar posibles reclamaciones de los vecinos en un futuro. Todos los predios colindantes firman el apeo y deslinde con la intención de que quede muy claro el límite de cada predio.

1.F CERCADO Y CASETA DE VIGILANCIA - son necesarios siempre, aunque, en casos aislados, es necesario para evitar invasiones al predio en lugares donde vamos a tardar más en construir, ya sea porque el trámite de licencias se llevará mucho tiempo o porque no es nuestra intención construir el terreno de inmediato y lo pensamos dejar como banco de tierra.

2	COSTOS DE PROYECTOS EJECUTIVOS E IMAGEN	
7	2.A	PROYECTO EJECUTIVO
8	2.B	RESONANCIA MAGNETICA
9	2.C	ESTUDIO IMPACTO REGIONAL
10	2.D	ESTUDIO IMPACTO AMBIENTAL
11	2.E	ESTUDIO SECRETARIA DE SALUD
12	2.F	MAQUETAS, PRESENT, COPIAS, TOPOGRAFICO, PROY HIDRO SANIT

2 COSTOS DE PROYECTOS EJECUTIVOS E IMAGEN – son todos aquellos que darán forma al proyecto, con ellos nos aseguraremos de sacar el máximo aprovechamiento del terreno y hacer la mejor inversión haciendo el menor gasto.

2.A PROYECTO EJECUTIVO - es el proyecto completo, el que va a firmar el Director Responsable de Obra y que se va a ingresar para obtener las licencias.

2.B RESONANCIA MAGNETICA – es uno de los gastos que no pueden faltar, la resonancia magnética o la mecánica de suelos son imprescindibles para desarrollar un proyecto seguro, nunca podremos hacer el suficiente hincapié en la importancia que tiene la seguridad estructural en el desarrollo inmobiliario, las personas que vivirán en el inmueble que construimos ponen su confianza en la calidad de nuestra construcción.

2.C ESTUDIO IMPACTO REGIONAL – en algunos casos se solicita el estudio de impacto regional, es la manera en la que nuestro desarrollo afectará la región donde construiremos, analiza a detalle si nuestro desarrollo desequilibrará la armonía del lugar, si traerá como consecuencia desabasto de agua o luz así como mayor tráfico vehicular a la zona y dará las guías para contrarrestarlo, generalmente, si el impacto regional sale negativo a nuestro proyecto, es muy difícil avanzar con las licencias aun cuando hagamos todo tipo de modificaciones, la autoridad siempre tendrá el temor de que no sean suficientes y nos encontremos con un muro infranqueable.

2.D ESTUDIO IMPACTO AMBIENTAL – es el medio para saber si tenemos que cambiar el proyecto en alguna forma y buscar que el medio ambiente sea respetado en su totalidad y en algunos casos, mejorar nuestro entorno mediante recursos como plantas de tratamiento de agua, generadores eólicos de energía, plantas purificadoras de agua, trampas de grasa, sistemas de captación de agua pluvial, etc.

2.E ESTUDIO SECRETARIA DE SALUD – es un estudio bastante sencillo donde se busca eliminar cualquier riesgo a la salud que pudiera traer nuestro desarrollo, este estudio se solicita principalmente a desarrollos industriales donde exista la posibilidad de

3		COSTOS DE LICENCIAS, PERMISOS Y DERECHOS
13	3.A	ORGANISMO DE AGUA Y ALCANTARILLADO
14	3.B	USO DE SUELO
15	3.C	CFE SOLICITUD DE PRESUPUESTO
16	3.D	LICENCIA CONSTRUCCION, N° OFICIAL Y ALINEAMIENTO
17	3.E	REG CONDOMINIO, MEJORAS MUNICIPALES
18	3.F	FIDEICOMISO Y GASTOS NOTARIALES
19	3.G	GESTORIA

3 COSTOS DE LICENCIAS, PERMISOS Y DERECHOS- Son todos los gastos necesarios para tener en regla nuestro desarrollo, registralmente, con la alcaldía y con las instituciones encargadas de regular el Desarrollo Urbano y de dotar servicios a la ciudadanía.

3.A ORGANISMO DE AGUA Y ALCANTARILLADO – Este organismo se asegura de que nuestra demanda de agua sea satisfecha y realiza una revisión al proyecto para saber nuestra necesidad y garantizar que no falte el agua a nuestro desarrollo y a la zona donde vamos a construir, generalmente va de la mano del estudio de impacto urbano o regional.

En el caso de que no sea suficiente la dotación de agua existente, se realiza una evaluación para determinar el costo de las mejoras a la infraestructura existente y en base a eso se solicita al desarrollador el pago de equipo u obras de infraestructura que ayuden a proveer de agua al nuevo desarrollo.

3.B USO DE SUELO – Los predios tienen asignado un uso de suelo específico de acuerdo al programa de desarrollo urbano municipal, estatal o regional, sin embargo, son susceptibles de cambio, ya sea por medio de traslado de potencialidades o bien, modificaciones autorizadas al congreso local, para eso se necesita realizar estudios que promuevan y apoyen dichos cambios a favor del proyecto, son ésos costos los que se consideran en este apartado, no siempre será necesario cambiar el uso de suelo o mejorarlo.

3.C CFE SOLICITUD DE PRESUPUESTO – Al igual que con la dotación de agua, se solicita un presupuesto de dotación del servicio de luz a la Comisión Federal de Electricidad, con la finalidad de asegurar la dotación y de acuerdo a las cargas que exigirá el nuevo proyecto, se hace un presupuesto de dotación, en ocasiones implica el tendido de redes eléctricas nuevas o simplemente una derivación de una línea existente y los transformadores necesarios para cumplir con la necesidad.

3.D LICENCIA DE CONSTRUCCION, NUMERO OFICIAL Y ALINEAMIENTO – El Alineamiento y Número Oficial son básicos para la obtención de la licencia de construcción, sirven para que nuestro predio cuente con personalidad ante la alcaldía o delegación y ayudan a evitar confusiones con otros predios que pudieran tener el mismo número por cuestiones de reordenamiento territorial que hubiera habido en el pasado.

En todos los municipios, alcaldías o delegaciones, es necesario obtener licencias para construir, ya sea una vivienda o miles, para su obtención, debemos contar con todos los documentos, legales, factibilidades, estudios y proyectos; la licencia es el último trámite previo al inicio de obra, una vez obtenida la licencia, podemos iniciar la obra, ya sea demoliendo o excavando.

3.E REGISTRO DE CONDOMINIO, MEJORAS MUNICIPALES – En ocasiones, el municipio requiere un pago que se reflejará en la comunidad donde quedará inserto nuestro desarrollo, a eso se le llama "mejoras municipales", se publicita y se reconoce el pago o bien, la participación de la desarrolladora, esto ayuda a que los vecinos vean con buenos ojos el nuevo desarrollo o al menos no reclamen que el nuevo desarrollo les quitará los servicios con los que cuentan en ese momento, por otro lado, se debe exigir que el mencionado pago sea deducible de impuestos, ya que es a favor de la comunidad y sin fines de lucro, por lo que el municipio debería emitir una factura como una contribución por parte del desarrollador.

El registro de condominio es importante ya que le da personalidad jurídica y legal a cada una de las viviendas que se construirán aún antes de que se haga la obra, es como emitir un "acta de nacimiento" para cada vivienda antes de tener la escritura del inmueble, esto ayuda a tener claro a qué conjunto pertenece la vivienda, dónde se ubica, todas las características del inmueble y el indiviso que le corresponde en función del conjunto al que pertenece, de esta manera, se puede incluir en la escritura desde un inicio.

3.F FIDEICOMISO Y GASTOS NOTARIALES – El fideicomiso se forma cuando se trata de un desarrollo en asociación principalmente, esto es, cuando el dueño del terreno aporta el terreno, el desarrollador aporta su conocimiento y los medios para realizar el desarrollo y una tercera parte que aporta el medio económico necesario para llevar a cabo la obra, a los involucrados se les llama Fideicomitentes y Fideicomisarios según sea el caso de cada uno, el responsable de administrar el Fideicomiso se llama Fiduciario y debe ser una entidad regulada y registrada ante la Comisión Nacional Bancaria y de Valores y regulada por la Comisión Nacional de Usuarios de Servicios Financieros.

3.G GESTORIA – Es el gasto que se deriva del servicio proporcionado por la persona que realiza los trámites, en ocasiones, este trabajo corresponde a un área dentro de la empresa, otras veces, el mismo usuario realiza estos trámites, pero es necesario tener considerado este gasto, ya que puede ser necesario contratar a algún experto en esta área por algún trámite en particular.

4		COSTOS DE CONSTRUCCION
23	4.A	INFRAESTRUCTURA
24	4.B	URBANIZACION Y VIALIDAD INTERNA
25	4.C	EDIFICACION
26	4.D	ALUMBRADO
27	4.E	BARDA PERIMETRAL Y FACHADA
28	4.F	REJA ELECTRICA
29	4.G	AREAS COMUNES, JARDINERIA Y AMENIDADES
30	4.H	CASETAS, PALAPAS.

4 COSTOS DE CONSTRUCCION - es el rubro más significativo entre todos los costos, es donde más cuidado debemos tener al llenarlo, deberá hacerse de manera detallada y con varias cotizaciones para cada concepto, nunca debemos obviar nada, todos los costos deben ser revisados, analizados y discutidos, en todo momento buscaremos la mejor opción sin sacrificar la calidad ni un trabajo bien hecho, nuestro producto es la inversión más importante del ser humano a lo largo de su vida y así debemos tomarla y darle su importancia.

El área de Presupuestos y Precios Unitarios es la encargada de realizar este trabajo de la mano del área de compras, estas dos áreas trabajarán de la mano todo el tiempo, el área de compras no debe comprar nada sin la supervisión del encargado de Precios Unitarios, de esta manera, nos aseguraremos que el presupuesto se cumpla al pie de la letra y no nos llevaremos sorpresas al final del negocio.

4.A INFRAESTRUCTURA – En casi todos los desarrollos nuevos, se debe considerar la Infraestructura, ya que el terreno no cuenta con la red de agua potable, drenaje y/o electricidad, por lo que este rubro debe ser considerado desde el inicio, la infraestructura nos asegura que las viviendas tendrán servicios para su funcionamiento.

4.B URBANIZACION Y VIALIDAD INTERNA – La urbanización se considera posterior a la Infraestructura y es la que le da personalidad al desarrollo, las calles pueden ser de piedra, concreto, asfalto, adoquín, adocreto o un sinfín de combinaciones, el alumbrado, las banquetas, los andadores, pasillos, jardines, patios comunales, y un largo etcétera, forman parte de la urbanización, al igual que la Vialidad Interna.

4.C EDIFICACION – Se refiere al costo de construcción de la vivienda en sí, considera la vivienda, escaleras, elevadores, estacionamientos y pasillos. Todo lo demás se incluye en otros rubros, como la Infraestructura y la Urbanización.

La Edificación puede comprender entre el 40% y el 60% del precio de venta de una propiedad, por lo que se convierte en el costo más importante de un desarrollo inmobiliario, se debe revisar el proyecto y el presupuesto para evitar que sea un fracaso por el costo tan alto que puede llegar a generar dentro del desarrollo. En este punto en particular, siempre es aconsejable tener varias cotizaciones a la mano, aunque sepamos que lo queremos realizar con algún constructor en particular, el saber el precio de otros profesionales del ramo, nos ayuda a tener muy claro el margen dentro del que podremos negociar.

4.D ALUMBRADO – El alumbrado público dentro del desarrollo es importante, ya que le da personalidad al desarrollo y realza la belleza de nuestro diseño a la vez que aporta seguridad por la noche a los usuarios.

4.E BARDA PERIMETRAL Y FACHADA – la barda perimetral debe ser incluida en el presupuesto de nuestro desarrollo por separado, ya que se debe trabajar de manera independiente en todos sentidos, se puede tramitar una licencia independiente al desarrollo exclusivo para la construcción de la barda, de esta manera garantizamos la seguridad del desarrollo y la obra, así como la integridad del terreno evitando posibles invasiones.

La fachada, es la cara que verán los clientes interesados de nuestro producto, podemos iniciar preventas y la fachada ayudará a que los clientes vean la mano de obra, el tipo de diseño, los acabados y el esmero con el que nos presentamos desde un inicio, es nuestra mejor carta de presentación sin tener un producto para vender o una casa muestra disponible.

4.F REJA ELECTRICA – Este apartado se refiere a la necesidad de tener un portón, reja o puerta al desarrollo y que sea manipulable a través de un control remoto, puede parecer absurdo considerar a estas alturas este detalle, pero la reja eléctrica es un elemento importante que debe considerarse desde el principio, le dará imagen, seguridad y comodidad a nuestro desarrollo desde un principio.

4.G AREAS COMUNES, JARDINERIA Y AMENIDADES – Las áreas comunes, así como la Jardinería y amenidades, deben ser consideradas desde el inicio, podemos no haber construido ni una casa, pero las amenidades deben existir aún antes de levantar el primer tabique de nuestro desarrollo, son estos elementos lo que nos distinguirá desde un inicio de la competencia y también serán los que le darán a nuestro desarrollo una personalidad, harán que se sienta equipado desde un principio, no debemos olvidar que vender debe ser nuestro principal objetivo, dependemos de las ventas antes que cualquier cosa, por lo que es nuestro deber ayudar a que nuestro equipo de ventas tenga las herramientas necesarias para hacer de su trabajo, un éxito.

4.H CASETAS, PALAPAS – Las casetas o palapas contemplan en general todas las construcciones que debamos realizar previas al inicio de las ventas, son aquellas que sirven para ubicar al personal de ventas en el sitio, dentro de una plaza comercial o en la entrada de la obra. Las palapas se refieren a los elementos de atracción visual que habrá en nuestro desarrollo junto a las amenidades, puede o no formar parte de ellas pero se considera por separado porque algunas amenidades llevan mayor inversión y las palapas significan un gasto menor pero resultan relevantes para la promoción que queremos realizar.

5		COSTOS DE COMERCIALIZACION
31	5.A	COMISION DE VENTAS 5.0%
32	5.B	GASTOS DE PROMOCION
33	5.C	ESTUDIO DE MERCADO

5 COSTOS DE COMERCIALIZACION – Son todos esos gastos necesarios para llevar a cabo de manera exitosa la venta de nuestro desarrollo, deben ser muy bien planeados y ejecutados al detalle, su medición es vital para el éxito de nuestro proyecto, ya que no podemos gastar dinero inútilmente en esfuerzos publicitarios que resultarán en una sequía en ventas.

Cada esfuerzo publicitario deberá generar leads, pases o visitas al desarrollo. Nuestro sitio web deberá tener un contador de visitas, formulación que el cliente pueda llenar a cambio de algún premio o promoción y dicha promoción se deberá cumplir sin cuestionamientos. Podemos pedir los datos del cliente de forma que una vez que haya llenado el formulario, le arroje un número y ese número le haga acreedor a un premio, tal vez una sartén eléctrica (hay un sinfín de opciones) o entregarlo en la caseta de ventas y al finalizar el recorrido por el área de ventas, canjearlo por un premio mayor. (una cafetera, por ejemplo)

5.A COMISION DE VENTAS – La comisión de ventas es el motor de las ventas, los vendedores trabajan para ganar dinero y es nuestra obligación cumplir con la comisión como se haya planteado desde un inicio, podemos desarrollar un plan de incentivos para los vendedores, de forma que, si obtienen X número de ventas al mes, mejoren sus ingresos al aumentar sus ventas a través de bonos adicionales.

La comisión debe ser un tema de análisis y estudio por parte del desarrollador, ya que tiene que ser lo suficientemente atractiva para que los vendedores quieran venir a trabajar con nosotros o bien, mandarnos a sus clientes (aunque sean vendedores de otros desarrollos) que cumplan con los requisitos para comprar alguno de nuestros productos.

Dentro del tema de comisión de ventas, podemos contemplar el desarrollo de nuestros vendedores en el tiempo, un vendedor que piense en su futuro, en su desarrollo profesional, es un vendedor feliz y un vendedor feliz, vende más. No nos cuesta más ni lo debemos incluir en nuestros gastos, pero podemos hacer un plan de carrera para los vendedores y dentro de nuestras corridas financieras, contemplar un gasto pequeño por cada vivienda de capacitación, hay cursos de ventas muy económicos dentro de las instituciones de vivienda y otros impartidos por empresas particulares, todos ellos valen la pena, son un incentivo para que nuestros vendedores se capaciten y mejoren su técnica, sus habilidades y sus aptitudes naturales.

5.B GASTOS DE PROMOCION – En este rubro vamos a considerar los gastos de volanteo, perifoneo, campañas digitales, página web, envío de correos, artículos promocionales, promociones de ventas como descuentos, etc. Para poder determinar este gasto en un solo renglón, se necesita tener todo un plan de promoción con fechas, montos y estrategias, no podemos dejarlo al aire, tiene que ser perfectamente planeado porque el desarrollo trasciende en el tiempo, con esto, me refiero a que podemos y debemos aprovechar cada época del año para hacer promoción, la época navideña, o Pascuas, activar campañas de Verano, o Día de Muertos, lo importante es estar sonando en el mercado, hacer saber a los clientes que estamos ahí y que no vamos a irnos rápidamente, porque un cliente no decide comprar una casa por impulso, es una decisión muy pensada y analizada, antes de comprarnos, irá a ver al menos 10 opciones más, y ese último paso para que se decida puede ser por una promoción, así que nuestra promoción tiene que ser precisa, calculada, y aportar valor al cliente.

Tenemos que considerar que al comprar una casa, el cliente se queda sin recursos, es ahí donde podemos empezar a diseñar nuestra campaña, ¿cómo puedo ayudarle? ¿Apoyando en gastos de mudanza? ¿Comprando un par de camionetas y prestando servicio de traslados? ¿dando un centro de lavado en la compra de una casa?, hay miles de promociones, todas ellas tendrán el mismo objetivo, tener al cliente contento, porque un cliente contento, significa una referencia para nuevos clientes, recuerden que todos nuestros clientes tienen primos, hermanos, amigos, compañeros de trabajo, etc. Y todos ellos son clientes potenciales.

5.C ESTUDIO DE MERCADO – El Estudio de mercado es nuestro mapa del tesoro, nos dirá qué tipo de producto se necesita, a qué precio está dispuesto el mercado a pagarlo, qué configuración debemos tener en nuestra casa o departamento, de dónde vendrán nuestros clientes, cómo podemos vender más rápido, etc. Prácticamente todo lo que queramos lograr, lo vamos a encontrar en el estudio de mercado, es el documento más importante para el desarrollador y deberá ser un apoyo a lo largo del desarrollo del producto, podemos aderezar nuestra oferta con nuestro toque personal, pero siempre basados en lo que el Estudio de Mercado tiene que decirnos.

Los mercados cambian dependiendo de las zonas y los desarrolladores no tenemos los conocimientos para todas las zonas, por lo que es importante seguir los lineamientos del estudio de mercado, hay ciudades como Mérida donde acostumbran el uso de hamacas, en el norte, es importante una terraza techada al frente de la casa, en la Ciudad de México se utiliza el cuarto de tv como centro de reunión y en otros estados es una sala para la familia, en Guadalajara se usa mucho una recámara en la planta baja independiente de las recámaras en la planta alta.

Cada región tiene usos y costumbres propias de sus zonas y el estudio de mercado nos lo hará saber.

6	COSTOS DE INFONAVIT, SHF, FOVISSSTE
38	6.A COMISION FOVISSSTE
39	6.B COMISION INFONAVIT
40	6.C COMISION SHF

6 COSTOS DE INFONAVIT, SHF, FOVISSSTE – Son los gastos que tenemos que considerar para el registro de nuestras promociones, puede ser por unidad, por desarrollo o por desarrollador.

6.A COMISION FOVISSSTE – FOVISSSTE cobra una cuota para inscribir nuestro desarrollo.

6.B COMISION INFONAVIT – en el caso de INFONAVIT, es necesario darnos de alta en el Registro Único de Vivienda, posteriormente, deberemos registrar cada unidad en dicho registro y nos asignará una Clave Única de Vivienda (CUV), para que INFONAVIT vaya monitoreando el avance de nuestras viviendas conforme avance su construcción, hasta darnos un Dictamen Técnico Único, (DTU) lo que nos permitirá vender la vivienda a través de INFONAVIT. Sin seguir estos pasos no podremos vender a través de INfONAVIT y no debemos olvidar que es la plataforma de venta más grande del país.

6.C COMISION SHF – La Sociedad Hipotecaria Federal cobra una comisión para registrarnos como desarrolladores cuando nuestro fondeo es un fondeo sindicado, esto aplica a desarrolladores medianos y grandes, no todos pueden sindicar su crédito, ya que la mayoría de los créditos son administrados por instituciones que existen para dicho fin llamadas Sociedades Financieras de Objeto Múltiple (SOFOM) o Sociedades Financieras de Objeto Limitado (SOFOL), quienes cobran una tasa más alta que un banco per resulta más sencillo la obtención del crédito con ellas.

7	COSTO FINANCIERO DE DESARROLLO

42	7.A	COMISION APERTURA DE CREDITO
43	7.B	INTERESES NO PREVISTOS EN RENGLON 45
44	7.C	COSTO FINANCIERO FIDEICOMISO
45	7.D	INTERESES MENSUALES DEL DESARROLLO

7 COSTO FINANCIERO DE DESARROLLO – Es el costo del dinero, es decir, todo fondeo deberá generar ganancias, ya sea que nosotros mismos aportemos el dinero, deberemos considerar que ese fondeo tiene un costo, el costo del dinero tiene que ser considerado ya que de otra forma, el dinero pierde valor en el tiempo, si nos fondea un banco, la tasa será siempre menor al fondeo por medio de una SOFOM o de inversionistas privados, pero la obtención del crédito con un banco resultará más difícil que con los otros fondeos.

7.A COMISION APERTURA DE CREDITO – Casi todos los fondeos, sean bancarios o privados, cobran una comisión de apertura del crédito, esta depende directamente del monto asignado a nuestro crédito, y la comisión se puede negociar a ser pagada de varias maneras, puede ser por medio de varias mensualidades o un pago repartido en cada etapa del desarrollo.

7.B INTERESES NO PREVISTOS – Son todos aquellos intereses que deberán ser pagados aparte del fondeo tradicional de nuestro desarrollo, es decir, aquellos préstamos que podamos conseguir para comprar el terreno, o para pagar los estudios y proyectos o cualquier otro gasto que no se considera dentro del crédito para la construcción del desarrollo.

Generalmente, los bancos e instituciones financieras no consideran préstamo para amenidades, calles, equipamiento, licencias, proyecto y demás gastos que no sean la construcción de las unidades a vender. Es por esto que necesitaremos conseguir dinero fuera del fondeador, ahí es donde intervienen los inversionistas que podemos asociar a nuestro desarrollo y sus resultados o bien ofrecerles una tasa de interés atractiva a corto plazo.

7.C COSTO FINANCIERO FIDEICOMISO – El costo del Fideicomiso se considera siempre que contemos con un fideicomiso, de otra forma, no tenemos que considerar este gasto.

7.D INTERESES MENSUALES DEL DESARROLLO – Al realizar nuestra corrida financiera, veremos que los intereses son calculados de manera automática y se consideran de manera mensual, es uno de los gastos mensuales que tenemos que realizar , pagarlos nos garantiza el seguir recibiendo fondeo, cada mes irán creciendo mientras no empecemos a individualizar viviendas, esto llevará al menos 9 meses desde que iniciemos la obra hasta que alcancemos el 90% de avance para poder escriturar y cobrar la venta de cada casa, por lo que nuestra corrida financiera tiene que ser revisada desde el inicio así como nuestro flujo de gastos y todos los gastos deben ser meticulosamente considerados porque el Flujo es la clave para un proyecto inmobiliario, sin flujo, el proyecto se estanca y una vez estancado, salir es muy difícil volver a echar a andar la maquinaria.

8		PROVISIONES VARIAS
46	8.A	PROVISION PARA HONORARIOS NOTARIALES
48	8.C	PROVISION PARA HONORARIOS FISCALES
51	8.F	PROVISION PARA IMPUESTOS VARIOS
52	8.G	IMPREVISTOS

8 PROVISIONES VARIAS – Son todas aquellas provisiones que debemos contemplar que podría ser necesario pagar en algún momento de nuestro desarrollo, hay provisiones de tipo legal, fiscal, imprevistos de obra como accidentes, reparación de maquinaria o tuberías que no se veían y estaban ocultas, cambios de proyecto por necesidades propias del sitio o del subsuelo, podemos encontrar una caverna o una roca madre y tapar la caverna o rellenarla será un gasto que no estaba contemplado, de la misma manera romper una roca madre.

8.A PROVISION PARA HONORARIOS NOTARIALES – A lo largo del desarrollo, es probable que sea necesario gastar en los servicios de algún notario, ya sea para pagar un acta o algún cambio que surja en el camino, siempre habrá gastos no considerados al inicio.

8.B PROVISION PARA HONORARIOS FISCALES – Su título nos lo dice, algunos pagos derivados de acciones necesarias en el proceso del desarrollo como pagos de predial para mantenernos al día o pagos de catastro locales. Los impuestos deben estar al día en todo momento para poder estar listos a escriturar, recordemos que ese es el objetivo último de nuestro desarrollo, poder escriturar a nombre de nuestro cliente.

8.C PROVISION PARA IMPUESTOS VARIOS – Hay impuestos que no conocemos y surgen en el camino, tenemos que estar listos para hacer frente a éstos.

8.D IMPREVISTOS – Son todo aquellos que no conocemos y no controlamos, no importa cuánto hayamos planeado y lo detallado que se nuestro programa, siempre habrá imprevistos, no existe una sola obra de construcción sin imprevistos.

9		GASTOS DE ADMINISTRACION
53	9.A	GASTOS CORPORATIVOS
54	9.B	INDIRECTOS DE OBRA

9 GASTOS DE ADMINISTRACION – Los sueldos, la renta de

nuestras oficinas, la luz, el teléfono, el pago de internet, los pagos mensuales de los arrendamientos, son todos los gastos que nos permiten funcionar como empresa o empresarios, se debe tener en cuenta todos los gastos de la empresa que son necesarios para operar.

9.A GASTOS CORPORATIVOS – Son los gastos de la empresa necesarios para operar como empresa, como los pagos para pertenecer a una asociación, los pagos que hacen a una empresa, todos aquellos necesarios para mantenerse dentro del ámbito de la construcción.

9.B INDIRECTOS DE OBRA – Son los costos de la obra, las oficinas de obra, los consumibles, agua, luz, teléfonos, etc.

Hemos terminado de conocer cada uno de los rubros conocidos que podemos incluir en nuestra corrida financiera, es tiempo de poner montos y conocer el resultado económico de nuestras suposiciones, una vez que lo tengamos, podremos hacer ajustes buscando incrementar las utilidades o tomar la decisión de desechar por completo el proyecto y buscar un nuevo terreno.

Los datos que aparecen en el ESTADO FINANCIERO, nos dan una idea de lo que representa cada gasto respecto a las ventas y nos ayudarán a decidir dónde debemos ajustar, recordemos que todo parte del precio de venta, si el precio de venta debe incrementarse, lo haremos al final, no podemos tomar esa alternativa desde un inicio, analicemos el Estado Financiero:

ESTADO FINANCIERO

ANALISIS DETALLADO SERVILLETA

			TOTAL	% / VENTAS
	VENTAS TOTALES		$ 37,600,000.00	100.00%
1	**COSTOS DE TERRENO**		**$ 7,545,950.02**	**19.96%**
1	1.A	COSTO TERRENO	$ 7,000,000.02	18.52%
2	1.B	ESCRITURACION	$ 355,950.00	0.94%
3	1.C	TITLE INSURANCE	$ -	0.00%
4	1.D	COMISION CORRETAJE	$ -	0.00%
5	1.E	APEO Y DESLINDE	$ 65,000.00	0.17%
6	1.F	CERCADO PROVISIONAL Y CASETA DE VIGILANCIA	$ 125,000.00	0.33%
2	**COSTOS DE PROYECTOS EJECUTIVOS E IMAGEN**		**$ 1,707,000.00**	**4.52%**
7	2.A	PROYECTO EJECUTIVO	$ 1,512,000.00	4.00%
8	2.B	RESONANCIA MAGNETICA	$ 75,000.00	0.20%
9	2.C	ESTUDIO IMPACTO REGIONAL	$ -	0.00%
10	2.D	ESTUDIO IMPACTO AMBIENTAL	$ -	0.00%
11	2.E	ESTUDIO SECRETARIA DE SALUD	$ -	0.00%
12	2.F	MAQUETAS, PRESENT, COPIAS, TOPOGRAFICO, PROY HIDRO SANIT	$ 120,000.00	0.32%
3	**COSTOS DE LICENCIAS, PERMISOS Y DERECHOS**		**$ 770,863.00**	**2.04%**
13	3.A	ORGANISMO DE AGUA Y ALCANTARILLADO	$ 104,000.00	0.28%
14	3.B	USO DE SUELO	$ 208,000.00	0.55%
15	3.C	CFE SOLICITUD DE PRESUPUESTO	$ 91,000.00	0.24%
16	3.D	LICENCIA CONSTRUCCION, N° OFICIAL Y ALINEAMIENTO	$ 194,427.00	0.51%
17	3.E	REG CONDOMINIO, MEJORAS MUNICIPALES	$ 53,436.00	0.14%
18	3.F	FIDEICOMISO Y GASTOS NOTARIALES	$ 120,000.00	0.32%
19	3.G	GESTORIA	$ -	0.00%
4	**COSTOS DE CONSTRUCCION**		**$ 16,349,160.00**	**43.25%**
23	4.A	INFRAESTRUCTURA	$ -	0.00%
24	4.B	URBANIZACION Y VIALIDAD INTERNA	$ -	0.00%
25	4.C	EDIFICACION	$ 15,554,160.00	41.15%
26	4.D	ALUMBRADO	$ 75,000.00	0.20%
27	4.E	BARDA PERIMETRAL Y FACHADA	$ 50,000.00	0.13%
28	4.F	REJA ELECTRICA	$ 40,000.00	0.11%
29	4.G	AREAS COMUNES, JARDINERIA Y AMENIDADES	$ 550,000.00	1.46%
30	4.H	CASETAS, PALAPAS	$ 80,000.00	0.21%
5	**COSTOS DE COMERCIALIZACION**		**$ 2,407,200.00**	**5.97%**
31	5.A	COMISION DE VENTAS 5.0%	$ 1,890,000.00	5.00%
32	5.B	GASTOS DE PROMOCION	$ 367,200.00	0.97%
33	5.C	ESTUDIO DE MERCADO	$ 150,000.00	0.40%
6	**COSTOS DE INFONAVIT, SHF, FOVISSSTE**		**$ -**	**0.00%**
38	6.A	COMISION FOVISSSTE	$ -	0.00%
39	6.B	COMISION INFONAVIT	$ -	0.00%
40	6.C	COMISION SHF	$ -	0.00%
7	**COSTO FINANCIERO DE DESARROLLO**		**$ 2,198,810.25**	**5.82%**
42	7.A	COMISION APERTURA DE CREDITO	$ 491,400.00	1.30%
43	7.B	INTERESES NO PREVISTOS EN RENGLON 45	$ -	0.00%
44	7.C	COSTO FINANCIERO FIDEICOMISO	$ -	0.00%
45	7.D	INTERESES MENSUALES DEL DESARROLLO	$ 1,707,410.250	4.52%
8	**PROVISIONES VARIAS**		**$ -**	**0.00%**
46	8.A	PROVISION PARA HONORARIOS NOTARIALES	$ -	0.00%
48	8.C	PROVISION PARA HONORARIOS FISCALES	$ -	0.00%
51	8.F	PROVISION PARA IMPUESTOS VARIOS	$ -	0.00%
52	8.G	IMPREVISTOS	$ -	0.00%
9	**GASTOS DE ADMINISTRACION**		**$ 1,476,000.00**	**3.90%**
53	9.A	GASTOS CORPORATIVOS	$ 756,000.00	2.00%
54	9.B	INDIRECTOS DE OBRA	$ 720,000.00	1.90%
	TOTAL DE GASTOS Y COSTOS		$ 32,454,983.27	85.46%
	UTILIDAD ESPERADA DEL DESARROLLO S/INVERSION		**$ 5,345,016.73**	**14.54%**

COSTO DE TERRENO 19.96%

Claramente es alto, debería ser máximo de un 13 a 15%, lo primero que debemos hacer, es negociar antes de comprar, la negociación del terreno será clave, algunas ideas para negociar son:

-entregar unidades que se construirán a cambio del terreno
-hacer pago mixto, una parte con dinero y la otra con departamentos.
- negociar un porcentaje sobre las ventas, es decir, el dueño del terreno recibirá un porcentaje de cada venta inmediatamente después del pago al banco, de esta manera mantenemos la transparencia del negocio y siempre tendremos la tranquilidad de mantener el precio del terreno controlado, pero será necesario negociarlo desde un inicio y que no afecte el resultado drásticamente, es por eso que un máximo de 15% deberá ser nuestro objetivo. El dueño del terreno siempre tendrá la seguridad de que no importa lo que hagamos, estaremos buscando su beneficio al buscar el nuestro en todo momento.

COSTOS DE PROYECTOS 4.52%

El costo promedio de un proyecto es de 2 a 3%, nuestro costo actual de 4.52% es alto, necesitamos negociar con el Arquitecto, el Estructurista y los especialistas en instalaciones.

COSTOS DE LICENCIAS 2.04%

El 2.04% es un costo bastante razonable, no es un punto donde necesitemos desgastarnos en negociar.

COSTOS DE CONSTRUCCION 43.25%

Los costos de construcción siempre serán los más altos de un desarrollo, sin embargo, el 43.25% es un buen costo, no debemos confiarnos y solicitar varias cotizaciones para asegurarnos que es un buen precio, durante la obra, recotizaremos para asegurarnos que no estamos pagando más caro que el precio del mercado, en ocasiones, los insumos primarios como el concreto y el acero varían sus costos durante el año y si bajan, podemos conseguir descuentos importantes por volumen.

COSTOS DE COMERCIALIZACION 5.82%
La comercialización se fija desde un inicio, nuestro equipo de ventas depende de este pago tanto como nuestro negocio depende de que ellos vendan, es una relación ganar-ganar, por lo que lejos de disminuirla, es nuestro deber buscar que se cumpla y que aumente el monto (no el porcentaje) que reciben los vendedores.

COSTOS DE INFONAVIT, ETC. 0.00%
En esta ocasión, no hay costo contemplado, debería ser contemplado, lo haremos en nuestra revisión.

COSTO FINANCIERO 5.82%
El costo financiero es bajo, al revisar las ventas y el flujo de gastos, trataremos de que se conserve así, es importante que no rebase el 12%

PROVISIONES 0.00%
Vale la pena tener provisiones, si nuestra utilidad está baja y no se contemplan provisiones, algo debe ser corregido, las provisiones tienen que incluirse.

GASTOS DE ADMINISTRACION 3.90%
Los gastos de administración son otro rubro que tenemos que tener muy acotado, no debe rebasar el 5% bajo ningún motivo, iniciar el desarrollo con el 3.90% es riesgoso, ya que está muy cerca de alcanzar el 5%, revisaremos este rubro a detalle también.

TOTAL DE GASTOS Y COSTOS 85.46%
Si el total de gastos e de 85.46%, entonces la utilidad bruta es del 14.54% sobre las ventas, lo que es muy bajo para la inversión de tiempo, esfuerzo, riesgo, costo, etc. Por lo que revisaremos el precio de venta y algunos costos, no podemos iniciar sin estar seguros que nuestra utilidad bruta es superior al 20% sobre las ventas como mínimo, esto indica que la ubicación no es la correcta o el producto es muy económico respecto a lo que se puede construir, también nos indica que el uso de suelo es insuficiente, por lo que revisar el uso de suelo, el estudio de mercado, hacer un benchmarking de la zona de influencia del proyecto y determinar

un precio que vaya acorde a lo que la zona necesita.

Una vez que hemos analizado la zona del proyecto, pudimos determinar que existen bases para determinar que nuestro precio de venta ($33,000/m2) está por debajo del precio de mercado ya que los precios en preventa promedio están alrededor del $38,000/m2 ($37,000 a $42,000), también determinamos de nuestra investigación que nuestras amenidades dejan mucho que desear, por lo que incrementaremos el gasto en amenidades, y construiremos más superficie para este fin, una vez analizada la zona, determinamos que es necesario contar con un área de gimnasio equipada, un área de vestidores mínima y un área de asadores en la azotea, también analizamos a detalle el uso de suelo pudimos determinar que es necesario y posible (por los permisos) contar con roof garden, por lo que podremos vender el área de roof garden de manera privada a dos departamentos, así que dos departamentos incrementarán drásticamente su valor y superficie privativa, esto ayudará a promocionar dos departamentos como Penthouse y le dará un status más alto a nuestro desarrollo, el status es importante, la forma en la que nos posicionemos en el mercado nos ayudará a vender más rápido o pretender un mayor precio por nuestros departamentos, por lo que es imperante ser cuidadosos con nuestra oferta.

Otra particularidad que notamos, es que no teníamos contemplado un control de accesos digital, y la zona en cuestión lo amerita y lo puede pagar, por lo que será considerado dentro de los gastos en el rubro de Infraestructura.

Con el precio del terreno revisado y renegociado, el cambio de precio basado en el benchmarking y los dos roof garden, así como la construcción de amenidades, podemos modificar nuestro estado financiero proforma y vemos que mejoran nuestras expectativas económicas.

NUEVO ESTADO FINANCIERO MODIFICADO

Hemos revisado los precios de acuerdo a nuestra nueva promoción, incrementamos el costo de construcción y los m2, así como hemos integrado un nuevo rubro de Amenidades dentro del renglón de Infraestructura y renegociamos el valor del terreno, para ello, ofrecimos un esquema de pagos fijo con mensualidades, lo que resultó atractivo al vendedor, por nuestra parte, al quedarnos con un pago fijo, podremos revalorar en el tiempo el valor de venta de los departamentos, lo que nos traerá mayor utilidad en el tiempo.
Mejoramos las condiciones de pago del proyecto a cambio de un descuento, por lo que pagaremos menos de proyecto y ese ahorro repercutirá directamente en las utilidades.
Integramos en la oferta, 20 bodegas de 3m2 cada una, podremos vender dos o tres juntas a gusto del comprador y obtendremos una ganancia adicional además de dar un mejor producto a nuestro cliente.
Creamos dos Penthouses con Roof Garden que venderemos a un mejor precio por m2 y creamos dos áreas de roof Garden en el área resultante en azotea que podrán ser utilizadas por los compradores sin costo adicional.
Todas éstas mejoras se reflejan en el siguiente Business Plan y Estado Financieros, resultando en una mejor propuesta de negocio.
Recodemos que el objetivo es vender los departamentos en el menor tiempo posible con la menor inversión de nuestra parte y asegurar un financiamiento a una menor tasa de interés, nuestro planteamiento tiene que tener todo eso en mente para lograr un negocio rentable, sin complicaciones y sencillo, en el momento en el que complicamos el negocio, empezamos a complicar las

soluciones, debemos mantener lo más simple posible nuestra propuesta y nuestro planteamiento.

En resumen, estamos utilizando lo que tenemos permitido hacer por el uso de suelo y lo estamos mejorando con respecto a la oferta existente, debemos asegurarnos que nuestro producto sea el preferido de los clientes antes del de la competencia.

Las áreas comunes, amenidades y servicios deben ser tratados con un diseño especial, construidos con una excelente mano de obra y los materiales mejores de lo que se ve en la zona, de forma que el sentido aspiracional de nuestros compradores lo perciba de inmediato y "necesiten" ser parte de un lugar como el que estamos ofreciendo, el deseo de compra tiene que generarse de manera natural, es nuestro deber facilitar a nuestros vendedores su trabajo y que sean ellos los cerradores del negocio, el proyecto debe venderse de manera natural, al cliente tenemos que llegarle por todos los sentidos: que vea un gran proyecto, que huela limpieza y calidad, que sienta tranquilidad y calidez de hogar, que sus oídos no escuchen ruidos del exterior, sólo la música que produce el silencio y la paz de nuestro proyecto y por último, que saboree el gusto de haber tomado una buena decisión a diario al habernos comprado, eso asegurará nuestro éxito en cada proyecto que hagamos.

A continuación, podemos ver los cambios y compararlos con la primera aproximación del Business Plan y del Estado Financiero, a pesar de haber aumentado los costos así como los precios de venta, mejoramos drásticamente nuestra propuesta y aseguramos una mayor velocidad de venta y el éxito de nuestro proyecto.

DESARROLLAR SIN MORIR EN EL INTENTO

BUSINESS PLAN

Nombre del Proyecto:
No. De Meses de Duración: 18
No. De Etapas: 1

ANALISIS DETALLADO SERVILLETA

Mezcla
No. De Prototipos: 1

No. de Unidades	Etapa 1	Total
DEPARTAMENTO A	5	5.00
DEPARTAMENTO B	5	5.00
PENT HOUSE CON ROOF GARDEN	2	2.00
BODEGAS (3M2)	20	20.00
TOTAL	32	32.00

Area de las Unidades	Etapa 1	
DEPARTAMENTO A	90.00	
DEPARTAMENTO B	100.00	
PENT HOUSE CON ROOF GARDEN	140.00	
BODEGAS 3M2	2.00	
PROMEDIO	39.69	39.69

Precio de Venta	Etapa 1	$/M2
DEPARTAMENTO A	$ 3,383,000.00	$ 37,588.89
DEPARTAMENTO B	$ 3,700,000.00	$ 37,000.00
ROOF GARDEN	$ 5,100,000.00	$ 36,428.57
BODEGAS (3M2)	$ 120,000.00	
PROMEDIO	$ 1,500,468.75	$ 1,500,468.75

Estacionamientos	Etapa 1	Total
Cajones a la venta:	N/A	-
Precio de los cajones:	N/A	
TOTAL		-

Terreno

Valor del Terreno	Etapa 1	Total
Area (m2)	900.00	900.00
Costo por m2	$ 7,000.00	7,000.00
TOTAL	6,300,000	6,300,000

Construcción

Edificación	Etapa 1	Total
Costo por m2	$ 12,500.00	12,500.00
m2 de construcción total:	1,443.99	1,443.99
TOTAL	18,049,875.00	18,049,875.00

Comercialización

Ventas	
Comisiones de Venta 4% (bonos ejecutivos 0.5%)	5.00%
% de comision al enganche	30%
% a la escrituración	70%

Enganche	
Porcentaje de Enganche	10%
Apartado (% de Enganche a primer pago)	1%
Meses para cubrir enganche	1
Mes máximo para escriturar	4

Financiero

Crédito Puente		
Línea de Crédito Puente (% sobre Vtas. Totales)	65%	
Anticipo (% sobre C.P.)	20%	
Comisión Apertura del desarrollo (% sobre C.P.)	0.020%	
Credito Puente para Edificación y Urbanización		
Tasa de Interés para Crédito Puente	15.500%	TIIE + 4 PUNTOS
Monto de Crédito Autorizado	$ 31,209,750.00	

	Etapa 1	Total
Monto de Crédito Autorizado Por Etapa	31,209,750.00	31,209,750.00

Gastos de Administración

Gastos Corporativos Desarrollador	2.00%

Ventas Totales

Ventas Totales	Etapa 1	
	48,015,000.00	48,015,000.00

77

ESTADO FINANCIERO

ANALISIS DETALLADO SERVILLETA

			TOTAL	% / VENTAS
	VENTAS TOTALES		$ 48,015,000.00	100.00%
1	COSTOS DE TERRENO		$ 6,810,355.00	14.18%
1	1.A	COSTO TERRENO	$ 6,300,000.00	13.12%
2	1.B	ESCRITURACION	$ 320,355.00	0.67%
3	1.C	TITLE INSURANCE	$ -	0.00%
4	1.D	COMISION CORRETAJE	$ -	0.00%
5	1.E	APEO Y DESLINDE	$ 65,000.00	0.14%
6	1.F	CERCADO PROVISIONAL Y CASETA DE VIGILANCIA	$ 125,000.00	0.26%
2	COSTOS DE PROYECTOS EJECUTIVOS E IMAGEN		$ 1,635,450.00	3.41%
7	2.A	PROYECTO EJECUTIVO	$ 1,440,450.00	3.00%
8	2.B	RESONANCIA MAGNETICA	$ 75,000.00	0.16%
9	2.C	ESTUDIO IMPACTO REGIONAL	$ -	0.00%
10	2.D	ESTUDIO IMPACTO AMBIENTAL	$ -	0.00%
11	2.E	ESTUDIO DE SECRETARIA DE SALUD	$ -	0.00%
12	2.F	MAQUETAS, PRESENT, COPIAS, TOPOGRAFICO, PROY HIDRO SANIT	$ 120,000.00	0.25%
3	COSTOS DE LICENCIAS, PERMISOS Y DERECHOS		$ 793,034.50	1.65%
13	3.A	ORGANISMO DE AGUA Y ALCANTARILLADO	$ 104,000.00	0.22%
14	3.B	USO DE SUELO	$ 208,000.00	0.43%
15	3.C	CFE SOLICITUD DE PRESUPUESTO	$ 91,000.00	0.19%
16	3.D	LICENCIA CONSTRUCCION, N° OFICIAL Y ALINEAMIENTO	$ 216,598.50	0.45%
17	3.E	REG CONDOMINIO, MEJORAS MUNICIPALES	$ 53,436.00	0.11%
18	3.F	FIDEICOMISO Y GASTOS NOTARIALES	$ 120,000.00	0.25%
19	3.G	GESTORIA	$ -	0.00%
4	COSTOS DE CONSTRUCCION		$ 20,794,875.00	43.31%
23	4.A	INFRAESTRUCTURA (AMENIDADES Y ROOF GARDEN)	$ 1,950,000.00	4.06%
24	4.B	URBANIZACION Y VIALIDAD INTERNA	$ -	0.00%
25	4.C	EDIFICACION	$ 18,049,875.00	37.59%
26	4.D	ALUMBRADO	$ 75,000.00	0.16%
27	4.E	BARDA PERIMETRAL Y FACHADA	$ 50,000.00	0.10%
28	4.F	REJA ELECTRICA	$ 40,000.00	0.08%
29	4.G	AREAS COMUNES, JARDINERIA Y AMENIDADES	$ 550,000.00	1.15%
30	4.H	CASETAS, PALAPAS.	$ 80,000.00	0.17%
5	COSTOS DE COMERCIALIZACION		$ 2,917,950.00	5.76%
31	5.A	COMISION DE VENTAS 5.0%	$ 2,400,750.00	5.00%
32	5.B	GASTOS DE PROMOCION	$ 367,200.00	0.76%
33	5.C	ESTUDIO DE MERCADO	$ 150,000.00	0.31%
6	COSTOS DE INFONAVIT, SHF, FOVISSSTE		$ 120,000.00	0.25%
38	6.A	COMISION FOVISSSTE	$ -	0.00%
39	6.B	COMISION INFONAVIT	$ 120,000.00	0.25%
40	6.C	COMISION SHF	$ -	0.00%
7	COSTO FINANCIERO DE DESARROLLO		$ 2,868,598.66	5.97%
42	7.A	COMISION APERTURA DE CREDITO	$ 624,195.00	1.30%
43	7.B	INTERESES NO PREVISTOS EN RENGLON 45	$ -	0.00%
44	7.C	COSTO FINANCIERO FIDEICOMISO	$ -	0.00%
45	7.D	INTERESES MENSUALES DEL DESARROLLO	$ 2,244,403.657	4.67%
8	PROVISIONES VARIAS		$ -	0.00%
46	8.A	PROVISION PARA HONORARIOS NOTARIALES	$ -	0.00%
48	8.C	PROVISION PARA HONORARIOS FISCALES	$ -	0.00%
51	8.F	PROVISION PARA IMPUESTOS VARIOS	$ -	0.00%
52	8.G	IMPREVISTOS	$ -	0.00%
9	GASTOS DE ADMINISTRACION		$ 1,680,300.00	3.50%
53	9.A	GASTOS CORPORATIVOS	$ 960,300.00	2.00%
54	9.B	INDIRECTOS DE OBRA	$ 720,000.00	1.50%
	TOTAL DE GASTOS Y COSTOS		$ 37,620,563.16	78.04%
	UTILIDAD ESPERADA DEL DESARROLLO S/INVERSION		$ 10,394,436.84	21.65%

DESARROLLAR SIN MORIR EN EL INTENTO

a continuación, analizaremos a detalle el flujo de efectivo del proyecto, es la parte medular de un desarrollo, siempre tenemos que tener flujo económico para avanzar, no podemos quedarnos parados por falta de liquidez, por lo que es vital obtener recursos suficientes para terminar y no detenernos a la mitad del camino.

	EGRESOS	TOTALES	MES 0	MES 1	MES 2	MES 3
1	COSTOS DE TERRENO	$ 6,910,355.00	$ 1,260,355.00	$ 150,000.00	$ 150,000.00	$ 150,000.00
1.A	COSTO TERRENO	$ 6,300,000.00	$ 750,000.00	$ 150,000.00	$ 150,000.00	$ 150,000.00
	Etapa 1	$ 6,300,000.00	$ 750,000.00	$ 150,000.00	$ 150,000.00	$ 150,000.00
1.B	ESCRITURACION	$ 320,355.00	$ 320,355.00	$ -	$ -	$ -
	Etapa 1	$ 320,355.00	$ 320,355.00	$ -	$ -	$ -
1.C	TITLE INSURANCE	$ -	$ -	$ -	$ -	$ -
	Etapa 1	$ -	$ -	$ -	$ -	$ -
1.D	COMISION CORRETAJE	$ -	$ -	$ -	$ -	$ -
	Etapa 1	$ -	$ -	$ -	$ -	$ -
1.E	APEO Y DESLINDE	$ 65,000.00	$ 65,000.00	$ -	$ -	$ -
	Etapa 1	$ 65,000.00	$ 65,000.00	$ -	$ -	$ -
1.F	CERCADO PROVISIONAL Y CASETA D	$ 125,000.00	$ 125,000.00	$ -	$ -	$ -
	Etapa 1	$ 125,000.00	$ 125,000.00	$ -	$ -	$ -
2	COSTOS DE PROYECTOS EJECUTIVOS	$ 1,635,450.00	$ 1,635,450.00	$ -	$ -	$ -
2.A	PROYECTO EJECUTIVO	$ 1,440,450.00	$ 1,440,450.00	$ -	$ -	$ -
	Etapa 1	$ 1,440,450.00	$ 1,440,450.00	$ -	$ -	$ -
2.B	RESONANCIA MAGNETICA	$ 75,000.00	$ 75,000.00	$ -	$ -	$ -
	Etapa 1	$ 75,000.00	$ 75,000.00	$ -	$ -	$ -
2.C	ESTUDIO IMPACTO REGIONAL	$ -	$ -	$ -	$ -	$ -
	Etapa 1	$ -	$ -	$ -	$ -	$ -
2.D	ESTUDIO IMPACTO AMBIENTAL	$ -	$ -	$ -	$ -	$ -
	Etapa 1	$ -	$ -	$ -	$ -	$ -
2.E	ESTUDIO SECRETARIA DE SALUD	$ -	$ -	$ -	$ -	$ -
	Etapa 1	$ -	$ -	$ -	$ -	$ -
2.F	MAQUETAS, PRESENT, COPIAS, TOPO	$ 120,000.00	$ 120,000.00	$ -	$ -	$ -
	Etapa 1	$ 120,000.00	$ 120,000.00	$ -	$ -	$ -
3	COSTOS DE LICENCIAS, PERMISOS Y	$ 793,034.50	$ 793,034.50	$ -	$ -	$ -
3.A	ORGANISMO DE AGUA Y ALCANTARILL	$ 104,000.00	$ 104,000.00	$ -	$ -	$ -
	Etapa 1	$ 104,000.00	$ 104,000.00	$ -	$ -	$ -
3.B	USO DE SUELO	$ 208,000.00	$ 208,000.00	$ -	$ -	$ -
	Etapa 1	$ 208,000.00	$ 208,000.00	$ -	$ -	$ -
3.C	CFE SOLICITUD DE PRESUPUESTO	$ 91,000.00	$ 91,000.00	$ -	$ -	$ -
	Etapa 1	$ 91,000.00	$ 91,000.00	$ -	$ -	$ -
3.D	LICENCIA CONSTRUCCION, N° OFICIA	$ 216,598.50	$ 216,598.50	$ -	$ -	$ -
	Etapa 1	$ 216,598.50	$ 216,598.50	$ -	$ -	$ -
3.E	REG CONDOMINIO, MEJORAS MUNICI	$ 53,436.00	$ 53,436.00	$ -	$ -	$ -
	Etapa 1	$ 53,436.00	$ 53,436.00	$ -	$ -	$ -
3.F	FIDEICOMISO Y GASTOS NOTARIALES	$ 120,000.00	$ 120,000.00	$ -	$ -	$ -
	Etapa 1	$ 120,000.00	$ 120,000.00	$ -	$ -	$ -
3.G	GESTORIA	$ -	$ -	$ -	$ -	$ -
	Etapa 1	$ -	$ -	$ -	$ -	$ -
4	COSTOS DE CONSTRUCCION	$ 20,794,975.00	$ 40,000.00	$ 1,902,487.50	$ 2,074,987.50	$ 1,999,987.50
4.A	INFRAESTRUCTURA (AMENIDADES Y	$ 1,950,000.00	$ -	$ 97,500.00	$ 195,000.00	$ 195,000.00
	Etapa 1	$ 1,950,000.00	$ -	$ 97,500.00	$ 195,000.00	$ 195,000.00
4.B	URBANIZACION Y VIALIDAD INTERNA	$ -	$ -	$ -	$ -	$ -
	Etapa 1	$ -	$ -	$ -	$ -	$ -
4.C	EDIFICACION	$ 18,049,875.00	$ -	$ 1,804,987.50	$ 1,804,987.50	$ 1,804,987.50
	Etapa 1	$ 18,049,875.00	$ -	$ 1,804,987.50	$ 1,804,987.50	$ 1,804,987.50
4.D	ALUMBRADO	$ 75,000.00	$ -	$ -	$ 75,000.00	$ -
	Etapa 1	$ 75,000.00	$ -	$ -	$ 75,000.00	$ -
4.E	BARDA PERIMETRAL Y FACHADA	$ 50,000.00	$ -	$ -	$ -	$ -
	Etapa 1	$ 50,000.00	$ -	$ -	$ -	$ -
4.F	REJA ELECTRICA	$ 40,000.00	$ 40,000.00	$ -	$ -	$ -
	Etapa 1	$ 40,000.00	$ 40,000.00	$ -	$ -	$ -
4.G	AREAS COMUNES, JARDINERIA Y AME	$ 550,000.00	$ -	$ -	$ -	$ -
	Etapa 1	$ 550,000.00	$ -	$ -	$ -	$ -
4.H	CASETAS, PALAPAS	$ 80,000.00	$ -	$ -	$ -	$ -
	Etapa 1	$ 80,000.00	$ -	$ -	$ -	$ -
5	COSTOS DE COMERCIALIZACION	$ 2,937,950.00	$ 150,000.00	$ 50,000.00	$ 105,023.44	$ 105,023.44
5.A	COMISION DE VENTAS 5.0%	$ 2,400,750.00	$ -	$ -	$ 75,023.44	$ 75,023.44
	Etapa 1	$ 2,400,750.00	$ -	$ -	$ 75,023.44	$ 75,023.44
5.B	GASTOS DE PROMOCION	$ 387,200.00	$ -	$ 50,000.00	$ 30,000.00	$ 30,000.00
	Etapa 1	$ 387,200.00	$ -	$ 50,000.00	$ 30,000.00	$ 30,000.00
5.C	ESTUDIO DE MERCADO	$ 150,000.00	$ 150,000.00	$ -	$ -	$ -
	Etapa 1	$ 150,000.00	$ 150,000.00	$ -	$ -	$ -
6	COSTOS DE INFONAVIT, SHF, FOVISS	$ 120,000.00	$ 120,000.00	$ -	$ -	$ -
6.A	COMISION FOVISSSTE	$ -	$ -	$ -	$ -	$ -
	Etapa 1	$ -	$ -	$ -	$ -	$ -
6.B	COMISION INFONAVIT	$ 120,000.00	$ 120,000.00	$ -	$ -	$ -
	Etapa 1	$ 120,000.00	$ 120,000.00	$ -	$ -	$ -
6.C	COMISION SHF	$ -	$ -	$ -	$ -	$ -
	Etapa 1	$ -	$ -	$ -	$ -	$ -
7	COSTO FINANCIERO DE DESARROLLO	$ 2,868,598.6670	$ 624,195.00	$ 112,875.26	$ 145,125.34	$ 177,375.41
7.A	COMISION APERTURA DE CREDITO	$ 624,195.00	$ 624,195.00	$ -	$ -	$ -
	Etapa 1	$ 624,195.00	$ 624,195.00	$ -	$ -	$ -
7.D	INTERESES MENSUALES DEL DESARR	$ 2,244,403.6670	$ -	$ 112,875.26	$ 145,125.34	$ 177,375.41
	Etapa 1	$ 2,244,403.66	$ -	$ 112,875.26	$ 145,125.34	$ 177,375.41
8	PROVISIONES VARIAS	$ -	$ -	$ -	$ -	$ -
8.A	PROVISION PARA HONORARIOS NOTA	$ -	$ -	$ -	$ -	$ -
8.C	PROVISION PARA HONORARIOS FISC	$ -	$ -	$ -	$ -	$ -
	Etapa 1	$ -	$ -	$ -	$ -	$ -
8.G	IMPREVISTOS	$ -	$ -	$ -	$ -	$ -
9	GASTOS DE ADMINISTRACION	$ 1,680,300.00	$ 103,350.00	$ 103,350.00	$ 103,350.00	$ 103,350.00
9.A	GASTOS CORPORATIVOS	$ 960,300.00	$ 53,350.00	$ 53,350.00	$ 53,350.00	$ 53,350.00
	Etapa 1	$ 960,300.00	$ 53,350.00	$ 53,350.00	$ 53,350.00	$ 53,350.00
9.B	INDIRECTOS DE OBRA	$ 720,000.00	$ 50,000.00	$ 50,000.00	$ 50,000.00	$ 50,000.00
	Etapa 1	$ 720,000.00	$ 50,000.00	$ 50,000.00	$ 50,000.00	$ 50,000.00
10	Amortización de Crédito	$ 28,216,190.00				
	Total de Egresos		$ 4,726,384.50	$ 2,318,712.76	$ 2,578,486.28	$ 2,535,736.35

JORGE AMAZATÁN SAHAGÚN

MES 4	MES 5	MES 6	MES 7	MES 8	MES 9	MES 10
$ 300,000.00	$ 300,000.00	$ 300,000.00	$ 300,000.00	$ 300,000.00	$ 300,000.00	$ 300,000.00
$ 300,000.00	$ 300,000.00	$ 300,000.00	$ 300,000.00	$ 300,000.00	$ 300,000.00	$ 300,000.00
$ -	$ -	$ -	$ -	$ -	$ -	$ -
$ 2,194,987.50	$ 2,194,987.50	$ 2,049,987.50	$ 1,097,493.75	$ 999,993.75	$ 999,993.75	$ 999,993.75
$ 390,000.00	$ 390,000.00	$ 195,000.00	$ 195,000.00	$ 97,500.00	$ 97,500.00	$ 97,500.00
$ 390,000.00	$ 390,000.00	$ 195,000.00	$ 195,000.00	$ 97,500.00	$ 97,500.00	$ 97,500.00
$ -	$ -	$ -	$ -	$ -	$ -	$ -
$ 1,804,987.50	$ 1,804,987.50	$ 1,804,987.50	$ 902,493.75	$ 902,493.75	$ 902,493.75	$ 902,493.75
$ 1,804,987.50	$ 1,804,987.50	$ 1,804,987.50	$ 902,493.75	$ 902,493.75	$ 902,493.75	$ 902,493.75
$ -	$ -	$ -	$ -	$ -	$ -	$ -
$ -	$ -	$ 50,000.00	$ -	$ -	$ -	$ -
		$ 50,000.00				
$ 255,070.31	$ 180,046.88	$ 180,046.88	$ 330,093.75	$ 405,117.19	$ 255,070.31	$ 255,070.31
$ 225,070.31	$ 150,046.88	$ 150,046.88	$ 300,093.75	$ 375,117.19	$ 225,070.31	$ 225,070.31
$ 225,070.31	$ 150,046.88	$ 150,046.88	$ 300,093.75	$ 375,117.19	$ 225,070.31	$ 225,070.31
$ 30,000.00	$ 30,000.00	$ 30,000.00	$ 30,000.00	$ 30,000.00	$ 30,000.00	$ 30,000.00
$ 30,000.00	$ 30,000.00	$ 30,000.00	$ 30,000.00	$ 30,000.00	$ 30,000.00	$ 30,000.00
$ 209,625.49	$ 241,875.56	$ 261,527.95	$ 223,734.90	$ 185,941.84	$ 160,746.47	$ 151,876.13
$ 209,625.49	$ 241,875.56	$ 261,527.95	$ 223,734.90	$ 185,941.84	$ 160,746.47	$ 151,876.13
$ 209,625.49	$ 241,875.56	$ 261,527.95	$ 223,734.90	$ 185,941.84	$ 160,746.47	$ 151,876.13
$ 103,350.00	$ 103,350.00	$ 103,350.00	$ 103,350.00	$ 103,350.00	$ 103,350.00	$ 103,350.00
$ 53,350.00	$ 53,350.00	$ 53,350.00	$ 53,350.00	$ 53,350.00	$ 53,350.00	$ 53,350.00
$ 53,350.00	$ 53,350.00	$ 53,350.00	$ 53,350.00	$ 53,350.00	$ 53,350.00	$ 53,350.00
$ 50,000.00	$ 50,000.00	$ 50,000.00	$ 50,000.00	$ 50,000.00	$ 50,000.00	$ 50,000.00
$ 50,000.00	$ 50,000.00	$ 50,000.00	$ 50,000.00	$ 50,000.00	$ 50,000.00	$ 50,000.00
		$ 975,504.68	$ 2,925,914.06	$ 2,925,914.06	$ 1,950,809.38	$ 1,950,809.38
$ 3,063,033.30	$ 3,020,259.94	$ 3,870,217.01	$ 4,980,586.46	$ 4,920,316.84	$ 3,789,769.91	$ 3,760,699.57

DESARROLLAR SIN MORIR EN EL INTENTO

MES 11	MES 12	MES 13	MES 14	MES 15	MES 16	MES 17
$ 300,000.00	$ 300,000.00	$ 300,000.00	$ 300,000.00	$ 300,000.00	$ 300,000.00	$ 1,200,000.00
$ 300,000.00	$ 300,000.00	$ 300,000.00	$ 300,000.00	$ 300,000.00	$ 300,000.00	$ 1,200,000.00
$ 300,000.00	$ 300,000.00	$ 300,000.00	$ 300,000.00	$ 300,000.00	$ 300,000.00	$ 1,200,000.00
$ -	$ -	$ -	$ -	$ -	$ -	$ -
$ -	$ -	$ -	$ -	$ -	$ -	$ -
$ -	$ -	$ -	$ -	$ -	$ -	$ -
$ -	$ -	$ -	$ -	$ -	$ -	$ -
$ -	$ -	$ -	$ -	$ -	$ -	$ -
$ -	$ -	$ -	$ -	$ -	$ -	$ -
$ -	$ -	$ -	$ -	$ -	$ -	$ -
$ -	$ -	$ -	$ -	$ -	$ -	$ -
$ -	$ -	$ -	$ -	$ -	$ -	$ -
$ -	$ -	$ -	$ -	$ -	$ -	$ -
$ -	$ -	$ -	$ -	$ -	$ -	$ -
$ -	$ -	$ -	$ -	$ -	$ -	$ -
$ -	$ -	$ -	$ -	$ -	$ -	$ -
$ -	$ -	$ -	$ -	$ -	$ -	$ -
$ -	$ -	$ -	$ -	$ -	$ -	$ -
$ -	$ -	$ -	$ -	$ -	$ -	$ -
$ -	$ -	$ -	$ -	$ -	$ -	$ -
$ -	$ -	$ -	$ -	$ -	$ -	$ -
$ -	$ -	$ -	$ -	$ -	$ -	$ -
$ -	$ -	$ -	$ -	$ -	$ -	$ -
$ -	$ -	$ -	$ -	$ -	$ -	$ -
$ -	$ -	$ -	$ -	$ -	$ -	$ -
$ -	$ -	$ -	$ -	$ -	$ -	$ -
$ -	$ -	$ -	$ -	$ -	$ -	$ -
$ -	$ -	$ -	$ -	$ -	$ -	$ -
$ -	$ -	$ -	$ -	$ -	$ -	$ -
$ -	$ -	$ -	$ -	$ -	$ -	$ -
$ -	$ -	$ -	$ -	$ -	$ -	$ -
$ -	$ -	$ -	$ -	$ -	$ -	$ -
$ -	$ -	$ -	$ -	$ -	$ -	$ -
$ -	$ -	$ -	$ -	$ -	$ -	$ -
$ -	$ -	$ -	$ -	$ -	$ -	$ -
$ -	$ -	$ -	$ -	$ -	$ -	$ -
$ 1,102,493.75	$ 1,102,493.75	$ 1,052,493.75	$ 902,493.75	$ -	$ -	$ -
$ -	$ -	$ -	$ -	$ -	$ -	$ -
$ -	$ -	$ -	$ -	$ -	$ -	$ -
$ 902,493.75	$ 902,493.75	$ 902,493.75	$ 902,493.75	$ -	$ -	$ -
$ 902,493.75	$ 902,493.75	$ 902,493.75	$ 902,493.75	$ -	$ -	$ -
$ -	$ -	$ -	$ -	$ -	$ -	$ -
$ -	$ -	$ -	$ -	$ -	$ -	$ -
$ -	$ -	$ -	$ -	$ -	$ -	$ -
$ -	$ -	$ -	$ -	$ -	$ -	$ -
$ 200,000.00	$ 200,000.00	$ 150,000.00	$ -	$ -	$ -	$ -
$ 200,000.00	$ 200,000.00	$ 150,000.00	$ -	$ -	$ -	$ -
$ -	$ -	$ -	$ 80,000.00	$ -	$ -	$ -
$ -	$ -	$ -	$ 80,000.00	$ -	$ -	$ -
$ 255,070.31	$ 92,223.44	$ 75,023.44	$ 150,046.88	$ 75,023.44	$ -	$ -
$ 225,070.31	$ 75,023.44	$ 75,023.44	$ 150,046.88	$ 75,023.44	$ -	$ -
$ 225,070.31	$ 75,023.44	$ 75,023.44	$ 150,046.88	$ 75,023.44	$ -	$ -
$ 30,000.00	$ 17,200.00	$ -	$ -	$ -	$ -	$ -
$ 30,000.00	$ 17,200.00	$ -	$ -	$ -	$ -	$ -
$ -	$ -	$ -	$ -	$ -	$ -	$ -
$ -	$ -	$ -	$ -	$ -	$ -	$ -
$ -	$ -	$ -	$ -	$ -	$ -	$ -
$ -	$ -	$ -	$ -	$ -	$ -	$ -
$ -	$ -	$ -	$ -	$ -	$ -	$ -
$ 130,008.11	$ 108,340.10	$ 99,269.76	$ 38,281.33	$ -	$ -	$ -
$ -	$ -	$ -	$ -	$ -	$ -	$ -
$ 130,008.11	$ 108,340.10	$ 99,269.76	$ 38,281.33	$ -	$ -	$ -
$ 130,008.11	$ 108,340.10	$ 99,269.76	$ 38,281.33	$ -	$ -	$ -
$ -	$ -	$ -	$ -	$ -	$ -	$ -
$ -	$ -	$ -	$ -	$ -	$ -	$ -
$ -	$ -	$ -	$ -	$ -	$ -	$ -
$ -	$ -	$ -	$ -	$ -	$ -	$ -
$ 103,350.00	$ 73,350.00	$ 73,350.00	$ 73,350.00	$ 73,350.00	$ 73,350.00	$ 73,350.00
$ 53,350.00	$ 53,350.00	$ 53,350.00	$ 53,350.00	$ 53,350.00	$ 53,350.00	$ 53,350.00
$ 53,350.00	$ 53,350.00	$ 53,350.00	$ 53,350.00	$ 53,350.00	$ 53,350.00	$ 53,350.00
$ 50,000.00	$ 20,000.00	$ 20,000.00	$ 20,000.00	$ 20,000.00	$ 20,000.00	$ 20,000.00
$ 50,000.00	$ 20,000.00	$ 20,000.00	$ 20,000.00	$ 20,000.00	$ 20,000.00	$ 20,000.00
$ 2,925,914.06	$ 2,925,914.06	$ 1,950,509.58	$ -4,876,523.44	$ 2,808,877.50	$ -	$ -
$ 4,816,836.24	$ 4,602,321.35	$ 3,550,746.32	$ 6,418,695.40	$ 3,257,250.94	$ 373,350.00	$ 1,273,350.00

al final, vemos las necesidades de cada mes, ahora veamos los ingresos de acuerdo a las ventas proyectadas y el avance de obra.

RESUMEN INGRESOS

INGRESOS	MES 0	MES 1	MES 2	MES 3	MES 4	MES 5	MES 6	MES 7
ANTICIPOS Y MINISTRACIONES	6,241,950	2,496,780	2,496,780	2,496,780	2,496,780	2,496,780	2,496,780	
ENGANCHES		185,000	185,000	185,000	185,000	370,000	370,000	539,150
INDIVIDUALIZACIONES				3,515,000	3,515,000	3,515,000	3,515,000	7,030,000
SUMA INGRESOS PUENTE Y VENTAS	6,241,950	2,681,780	2,681,780	6,196,780	6,196,780	6,381,780	6,381,780	7,569,150

MES 8	MES 9	MES 10	MES 11	MES 12	MES 13	MES 14	MES 15	MES 16	MES 17
-	-	1,246,390	1,248,390	1,248,390	1,248,390	-	- $	- $	
507,450	507,450	507,450	338,300	338,300	338,300	-			
10,545,000	10,243,850	9,641,550	9,641,550	12,855,400	6,427,700	6,427,700	- $	- $	-
11,052,450	10,751,300	11,397,390	11,228,240	14,442,090	8,014,390	6,427,700	-	-	-

combinamos los egresos mensuales con los ingresos,

NETO MENSUAL

	MES 0	MES 1	MES 2	MES 3	MES 4	MES 5	MES 6	MES 7
EGRESOS	$ 4,726,364.50	$ 2,318,712.76	$ 2,576,486.28	$ 2,535,736.35	$ 3,063,033.30	$ 3,020,259.94	$ 3,870,217.01	$ 4,980,586.48
INGRESOS	$ 6,241,950.00	$ 2,681,780.00	$ 2,681,780.00	$ 6,196,780.00	$ 6,196,780.00	$ 6,381,780.00	$ 6,381,780.00	$ 7,569,150.00
SALDO MENSUAL	$ 1,515,585.50	$ 363,067.24	$ 105,293.73	$ 3,661,043.65	$ 3,133,746.70	$ 3,361,520.06	$ 2,511,562.99	$ 2,588,563.54

MES 8	MES 9	MES 10	MES 11	MES 12	MES 13	MES 14	MES 15	MES 16	MES 17
$ 4,920,316.84	$ 3,769,769.91	$ 3,760,696.57	$ 4,816,636.24	$ 4,602,321.35	$ 3,550,746.32	$ 6,418,695.40	$ 3,257,250.94	$ 373,350.00	$ 1,273,350.00
$ 11,052,450.00	$ 10,751,300.00	$ 11,397,390.00	$ 11,226,240.00	$ 14,442,090.00	$ 8,014,390.00	$ 6,427,700.00	$ -	$ -	$ -
$ 6,132,133.16	$ 6,981,530.09	$ 7,636,690.43	$ 6,411,403.76	$ 9,839,768.65	$ 4,463,643.68	$ 9,004.60	-$ 3,257,250.94	-$ 373,350.00	-$ 1,273,350.00

podemos observar que los ingresos siempre superan a los egresos a excepción de los meses 15 y 16, sin embargo, nuestro balance es positivo en ese momento, es decir, dentro de nuestro acumulado tenemos saldo positivo, por lo que no debemos preocuparnos por el flujo, siempre y cuando controlemos que los ingresos se den como los tenemos previstos y los egresos no se salgan del monto previsto.

Para llegar a este punto, hicimos un plan de ventas donde consideramos cuándo cerraríamos la venta, el momento en el que recibiríamos el enganche y la fecha en la que se recibe el resto del pago a la individualización del departamento, la tabla es la siguiente:

PLAN DE VENTAS

		MES 0	MES 1	MES 2	MES 3	MES 4	MES 5	MES 6	MES 7	MES 8
DEPARTAMENTO A	Enganche	-	-	1	1	1	-	-	1	1
	Individualización	-	-	-	-	-	-	1	1	1
DEPARTAMENTO B	Enganche	-	-	-	-	-	-	-	1	1
	Individualización	-	-	-	-	-	-	-	-	-
PENT HOUSE CON ROOF GARDEN	Enganche	-	-	-	-	-	-	-	-	1
	Individualización	-	-	-	-	-	-	-	-	-
BODEGAS 3M2	Enganche	-	-	-	-	2	2	2	2	2
	Individualización	-	-	-	-	-	-	-	2	2
	Enganche	-	-	-	-	-	-	-	-	-
	Individualización	-	-	-	-	-	-	-	-	-
Total	Enganche	-	-	1	1	3	2	2	4	5
	Individualización	-	-	-	-	-	-	1	3	3

MES 9	MES 10	MES 11	MES 12	MES 13	MES 14	MES 15	MES 16	MES 17	Totales
-	-	-	-	-	-	-	-	-	5
-	-	-	-	-	2	-	-	-	5
1	1	1	-	-	-	-	-	-	5
-	-	1	1	1	1	1	-	-	5
-	-	1	-	-	-	-	-	-	2
-	-	1	1	-	-	-	-	-	2
2	2	1	1	1	2	1	-	-	20
2	2	1	1	1	2	7	-	-	20
-	-	-	-	-	-	-	-	-	-
-	-	-	-	-	-	-	-	-	-
3	3	3	1	1	2	1	-	-	32
2	2	3	3	2	5	8	-	-	32

Esta tabla de ventas tiene que ser la guía de lo mínimo que debemos vender en los meses de nuestra promoción, por lo que nuestros vendedores, plan de promoción, publicidad y todos nuestros esfuerzos, deberán estar orientados a cumplirla.

PROGRAMA DE CONSTRUCCION

		Mes Inicio	% Anticipo	MES 0 / Mes 1	MES 1 / Mes 2	MES 2 / Mes 3	MES 3 / Mes 4	MES 4 / Mes 5	MES 5 / Mes 6	MES 6 / Mes 7	MES 7 / Mes 8
Etapa 1	Infraestructura	1.00	0%	0%	5%	10%	10%	20%	20%	10%	10%
	Urbanización	1.00	20%	0%	5%	10%	10%	20%	20%	10%	10%
	Edificación	1.00	20%	0%	10%	10%	10%	10%	10%	10%	5%

MES 8 / Mes 9	MES 9 / Mes 10	MES 10 / Mes 11	MES 11 / Mes 12	MES 12 / Mes 13	MES 13 / Mes 14	MES 14 / Mes 15	MES 15 / Mes 16	MES 16 / Mes 17	MES 17 / Mes 18	Totales
5%	5%	5%	0%	0%	0%	0%	0%	0%	0%	100%
5%	5%	5%	0%	0%	0%	0%	0%	0%	0%	100%
5%	5%	5%	5%	5%	5%	5%	0%	0%	0%	100%

Es una parte vital del desarrollo inmobiliario, es lo que hace realidad el negocio, el programa debe estar revisado y ajustado, en todo momento cuestionaremos si es la mejor manera de hacerlo, siempre encontraremos algo que podamos mejorar, algo que podamos comprar a mejor precio o alguna oferta paralela que nos ayude a lograr un mejor trato.

UTILIZACION DE CREDITO

Mes de Recibir Anticipo:
Etapa 1 — 1

Valor Liberado/ Unidad	$ 975,304.69

		MES 0 / Mes 1	MES 1 / Mes 2	MES 2 / Mes 3	MES 3 / Mes 4	MES 4 / Mes 5	MES 5 / Mes 6	MES 6 / Mes 7	MES 7 / Mes 8
Anticipos									
	Etapa 1	6,241,950	-	-	-	-	-	-	-
Ministraciones									
Etapa 1	Posible	-	2,496,780	2,496,780	2,496,780	2,496,780	2,496,780	2,496,780	1,248,390
	Tomada	-	2,496,780	2,496,780	2,496,780	2,496,780	2,496,780	2,496,780	-
Total	Posible	-	2,496,780	2,496,780	2,496,780	2,496,780	2,496,780	2,496,780	1,248,390
	Tomada	-	2,496,780	2,496,780	2,496,780	2,496,780	2,496,780	2,496,780	-
	Acumulado	-	2,496,780	4,993,560	7,490,340	9,987,120	12,483,900	14,980,680	14,980,680
Saldo Anticipo más Ministraciones									
	Etapa 1	6,241,950	8,738,730	11,235,510	13,732,290	16,229,070	18,725,850	21,222,630	21,222,630
	Total	6,241,950	8,738,730	11,235,510	13,732,290	16,229,070	18,725,850	21,222,630	21,222,630
Amortización de Ministraciones									
	Etapa 1	-	-	-	-	-	-	975,305	2,925,914
Saldos Ministraciones									
	Etapa 1	6,241,950	8,738,730	11,235,510	13,732,290	16,229,070	18,725,850	20,247,325	17,321,411
Intereses									
	Etapa 1	-	112,875	146,125	177,375	209,625	241,875	261,528	223,735
	TOTALES								

MINISTRACIONES Y ANTICIPOS/MES   6,241,950   2,496,780   2,496,780   2,496,780   2,496,780   2,496,780   2,496,780   -

MES 8 / Mes 9	MES 9 / Mes 10	MES 10 / Mes 11	MES 11 / Mes 12	MES 12 / Mes 13	MES 13 / Mes 14	MES 14 / Mes 15	MES 15 / Mes 16	MES 16 / Mes 17	MES 17 / Mes 18	Totales
-	-	-	-	-	-	-	-	-	-	6,241,950
1,248,390	1,248,390	1,248,390	1,248,390	1,248,390	1,248,390	1,248,390	-	-	-	24,967,800
-	-	1,248,390	1,248,390	1,248,390	1,248,390	-	-	-	-	19,974,240
1,248,390	1,248,390	1,248,390	1,248,390	1,248,390	1,248,390	1,248,390	-	-	-	24,967,800
-	-	1,248,390	1,248,390	1,248,390	1,248,390	-	-	-	-	19,974,240
14,980,680	14,980,680	16,229,070	17,477,460	18,725,850	19,974,240	19,974,240	19,974,240	19,974,240	19,974,240	19,974,240
-	-	1,248,390	1,248,390	1,248,390	1,248,390	-	-	-	-	
21,222,630	21,222,630	22,471,020	23,719,410	24,967,800	26,216,190	26,216,190	26,216,190	26,216,190	26,216,190	26,216,190
21,222,630	21,222,630	22,471,020	23,719,410	24,967,800	26,216,190	26,216,190	26,216,190	26,216,190	26,216,190	26,216,190
2,925,914	1,950,609	1,950,609	2,925,914	2,925,914	1,950,609	4,876,523	2,808,878	-	-	26,216,190
					1,950,609	4,876,523	2,808,878	-	-	
14,395,497	12,444,888	11,742,668	10,065,144	8,387,620	7,685,401	2,808,878	-	-	-	
185,942	160,746	151,676	130,008	108,340	99,270	36,281	-	-	-	2,244,404
185,942	160,746	151,676	130,008	108,340	99,270	36,281	-	-	-	2,244,404
-	-	1,248,390	1,248,390	1,248,390	1,248,390	-	-	-	-	

Posteriormente, podremos ver la utilización del crédito de

acuerdo a las necesidades del proyecto basado en nuestra proyección de ventas, el programa de construcción y los tiempos de promoción y publicidad que tenemos planeados, de las misma forma, la tabla de utilización del crédito busca el menor pago de intereses y la mejor utilización del dinero ya que tenemos que recordar que es dinero que nos va a costar intereses, por lo que debemos intentar utilizar lo mínimo, en todo momento, trataremos de utilizar dinero proveniente de preventas y enganches.

Estos son todos los componentes de nuestro análisis y guía detallada para tomar la decisión y seguir adelante con la promoción inmobiliaria, aún estamos en la parte de planeación, pero ya tenemos todos los elementos para iniciar, ya podemos pasar a la siguiente etapa.

INICIO DE PROMOCION INMOBILIARIA

Una vez que hemos decidido iniciar, teniendo en cuenta todo lo que vimos anteriormente y tomando como base nuestro ANALISIS FINANCIERO, daremos los primeros pasos:

A.- ASEGURAMIENTO DE LA PROPIEDAD- Firmaremos un contrato de compraventa donde incluyamos la forma de pago, el precio, el tiempo a pagar, las condiciones del pago y todos los puntos que debemos tomar en cuenta en caso de que el desarrollo no avance, no se puedan obtener licencias, la propiedad presente reclamaciones de propiedad que no se conozcan en un principio, etc.

Trataremos de estar lo más protegidos desde un inicio, sin embargo, siempre habrá algo que no estaba planeado y tenemos que estar preparados para esas sorpresas.

De preferencia, trabajaremos por medio de un Fideicomiso, es la forma más segura de garantizar la legitimidad de la tierra, así como tener la total seguridad de que las reglas se respetarán siempre y no se modificará ningún acuerdo, ya que en la figura del Fideicomiso, existe un fiduciario que no permitirá a ninguna de las partes cambiar lo que se acordó en un inicio, por lo que tendremos las garantía que lo que planeamos, se llevará al pie de la letra en todo momento.

B.- CONTRATACION DEL PROYECTO- Una vez firmado el contrato de compraventa del terreno o bien la creación del fideicomiso, deberemos trabajar a marchas forzadas, recordemos que cada día que pase, tendremos un costo y un tiempo que va corriendo, necesitamos cumplir los tiempos que planteamos en todo momento o bien, disminuirlos. Para este fin, negociaremos y cerraremos el trato del proyecto ejecutivo y nos aseguraremos que el Arquitecto tenga todos los datos necesarios para cumplir con el proyecto de la manera que lo necesitamos, debemos exigir tener una revisión semanal del proyecto y su avance, es la única manera de ver que los tiempos del programa de proyecto se lleven a cabo.

C.- OBTENCION DE LICENCIAS- Al mismo tiempo que avanzamos con el proyecto, tenemos que avanzar con las licencias, por lo que haremos una tabla de tiempos para que nos aseguremos de no dejar ningún trámite sin atender y que no nos falte ningún documento, una vez que tengamos la tabla, revisaremos los tiempos y los ajustaremos en nuestro ANALISIS FINANCIERO, de tal forma que todo esté contemplado y no obviemos ningún paso.

D.- PROMOCION Y PUBLICIDAD- La promoción y publicidad deben empezar el mismo día que aseguramos la propiedad, crearemos un plan de promoción, contrataremos una página web, la diseñaremos, contrataremos líneas telefónicas dedicadas a la atención de la publicidad, cotizaremos y contrataremos volanteo, diseñaremos una campaña publicitaria de acuerdo a nuestro Estudio de Mercado de forma que no dejemos de atender nada de lo que nos señala el Estudio, es imperativo que cubramos cada ángulo para atraer a la mayor cantidad de clientes.

E.- CUENTAS BANCARIAS INDEPENDIENTES- Es importante contar con una cuenta bancaria donde se recibirán los depósitos producto de las ventas y otra donde manejaremos los ingresos del crédito. También es conveniente una tercera cuenta para manejar los egresos, de esta manera podremos tener un mejor control de nuestras finanzas.

F.- CONTRATACION DE PERSONAL O CONTRATISTAS- El abogado deberá tener preparados los contratos para el inicio de los trabajos, por lo que necesitamos empezar a cotizar por partes la obra, no es conveniente contratar toda la obra con una sola empresa o proveedor, de esta manera, pulverizamos el riesgo y, por ende, lo minimizamos.

Una empresa realizará la excavación, si todo sale bien, le daremos a cotizar la cimentación junto a otras empresas y así sucesivamente, recordemos que esto es un negocio y dependemos de la mejor calidad que podamos conseguir al mejor precio.

INICIO DE LA OBRA Y LAS VENTAS

Una vez que ya tenemos todos los puntos anteriores, podemos iniciar la obra, en un mundo ideal, las ventas irán a la par del avance de la obra de acuerdo a nuestros planes, la realidad es que siempre se desfasarán de una forma o de otra, por lo que no debemos caer en desesperación, este es un negocio imposible de controlar en todos sus aspectos, sin embargo, es un negocio muy noble y permite alteraciones en los programas sin modificar considerablemente nuestros planes.

El inicio de las ventas irá siempre por delante de la obra, una vez que tengamos la autorización para vender, iniciaremos con el esfuerzo publicitario y las ventas, trataremos de vender todo en papel, en maqueta y sólo esforzarnos al final por terminar en tiempo, las ventas son el alma de nuestro negocio, es por lo que trabajamos, si hicimos nuestro análisis a detalle y revisamos todos los puntos antes de iniciar, si fuimos cuidadosos en nuestro trabajo y todo lo trabajamos a detalle, tendremos un negocio exitoso.

Una sugerencia antes de iniciar: durante la fase de diseño, podemos pedir dos o tres opciones de fachadas al arquitecto, con esas opciones, hagamos un panel o un pequeño estudio de mercado para conocer el gusto de nuestro mercado meta, así aseguraremos estar dentro del gusto del público objetivo, no es algo costoso y nos ayudará a definir lo que los clientes desean, las otras opciones que nos dé el Arquitecto, podremos guardarlas para algún próximo proyecto.

Una vez iniciadas las ventas y teniendo todos los permisos, iniciada la obra, haremos un seguimiento diario a cada uno de los puntos del desarrollo inmobiliario.

Tendremos cuidado de cada gasto, lo registraremos y compararemos con nuestro presupuesto, anotaremos los desvíos su causa y la solución que tomamos, de esta manera, evitaremos un nuevo desvío.

INICIO DE LA PROMOCION INMOBILIARIA

Con todo lo visto anteriormente, estamos listos para iniciar, así que empezaremos con el terreno.

El terreno se encuentra ubicado en una alcaldía de la Ciudad de México (omitiremos nombrar alguna para no entrar en detalles innecesarios, la idea es que nuestro ejemplo sirva universalmente) y su uso de suelo es H4/30/B, lo que significa que nuestro predio tiene una vocación 100% Habitacional, con una altura permitida de 4 niveles a partir del nivel de banqueta y un área libre obligatoria de 30% de su superficie total, con una densidad Baja de viviendas, lo que nos permite construir una vivienda cada 100 m2, es decir, 9 viviendas, en nuestro ejemplo consideramos 10, por lo que debemos tratar de obtener una consideración por parte de la Secretaría de Desarrollo Urbano para una vivienda adicional, o la autorización de la alcaldía o bien, subir el precio de las 9 viviendas permitidas para sustituir el monto, para no entrar en problemas o utopías, subiremos el precio y trataremos de mantener o mejorar nuestros números, recordemos que también bajan los gastos de licencias, proyecto y construcción de una vivienda, por lo que no es tanto el monto que debemos incrementar a nuestras otras viviendas.

Otro punto a considerar es el desplante del proyecto en el predio, al tener que dejar libre el 30% del terreno, tenemos disponibles 630 m2 para hacer un acceso, desplantar áreas comunes, amenidades, elevador y escaleras, también el área de bodegas que incluimos para venta. Y aunque el estacionamiento no nos obliga a una cantidad, siempre es deseable dejar cajones de estacionamiento para habitantes, por lo que exploraremos la posibilidad de incluir cajones de estacionamiento que podamos vender de la misma forma que las bodegas, también representan un ingreso adicional y un bajo costo de construcción, en este punto, nuestra creatividad nos ayudará a encontrar cómo sacar mejor provecho del terreno, todo aquello que podamos hacer para mejorar la utilidad es bienvenido.

Al proyecto le llamaré "Génesis", por ser nuestro primer desarrollo.

Con las consideraciones anteriores, modifiqué la hoja de premisas y aumenté los cajones a la venta, así como disminuí a 9 el número de departamentos, consideré dos de ellos como Penthouses por lo que aumentamos el precio, así como su área.

También incrementamos en $1,000 el costo por m2 de construcción para tener un margen adicional en caso de ser necesario, al final, si no se gasta, se convierte en utilidad, tenemos que recordar que en el camino siempre surgen sorpresas que no nos pueden detener, para lo que tenemos que tener márgenes como ésos $1,000 adicionales.

Una vez realizados los cambios mencionados, ajustamos la corrida financiera.

Todo lo que estamos haciendo lo podrás revisar en el formato adjunto, es un formato formulado con macros y vinculaciones entre pestañas que te ayudará a seguir paso a paso lo que hemos ido desarrollando, te servirá para tus desarrollos y será la base de tus proyectos.

Nuestro formato es una herramienta indispensable para cualquier desarrollador, permite modificar, hacer ajustes y revisar múltiples escenarios que te ayudarán a encontrar la combinación perfecta para tus propios desarrollos, es una herramienta intuitiva, puedes modificar cada parámetro sin alterar su funcionamiento, al adquirir este ejemplar puedes descargarla siguiendo el enlace del pie de página[2].

Una vez que bajes el archivo, podrás seguir las siguientes páginas de nuestro ejemplo y hacer tus propias versiones, cada terreno tiene sus peculiaridades y deben tomarse en cuenta los cientos de factores exclusivos de cada proyecto, aunque el desarrollo inmobiliario es una línea de procesos muy parecidos, cada proyecto deberá abordar sus necesidades de manera diferente en cada ocasión.

Continuando con nuestro ejemplo al que llamamos Génesis, veremos a continuación la pestaña de PREMISAS.

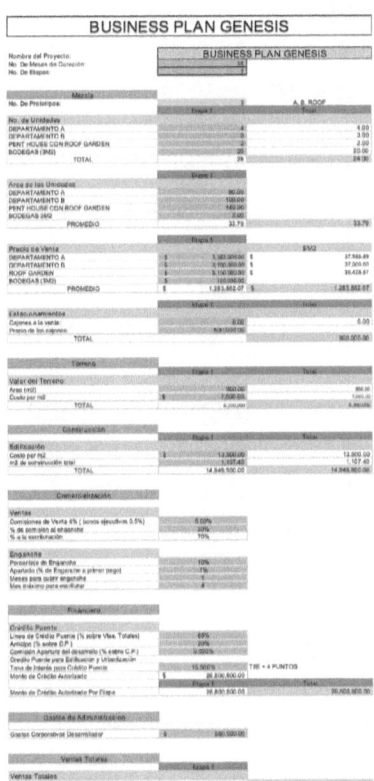

En esta hoja de Business Plan, podemos ver comparando nuestro análisis de servilleta, los cambios que hemos realizado como la cantidad de departamentos en venta, incluimos los cajones de estacionamiento en venta, aumentamos en $1,000 el costo de construcción por m2, y al disminuir la cantidad de departamentos, disminuyeron los m2 de construcción y por lo tanto, el gasto total de la misma, también realizamos un análisis más profundo de los gastos corporativos, mismos que son muy importantes para que la obra tenga la atención administrativa y técnica necesaria, no podemos gastar indiscriminadamente, pero tampoco dejar sin atención la parte de la producción de nuestro negocio.

Analicemos cada uno de los cambios que realizamos y veamos la razón de cada uno de ellos:

-Disminuimos la cantidad de departamentos, ya que una vez que tuvimos en nuestras manos el CUZUS actualizado, pudimos darnos cuenta que nuestro predio nos permitía construir sólo 9 unidades habitacionales, de forma que teníamos que elegir entre: a) ingresar una solicitud de aumento de densidad o b) disminuir nuestra oferta en 3 departamentos, lo que representaba disminuir el 25% de nuestra oferta.

Optamos por disminuir en 3 departamentos la oferta, al disminuir la oferta en apariencia baja la venta, sin embargo, baja el costo también, baja el costo de proyecto, baja la cantidad de m2 de construcción, por lo tanto, el hecho de que baje la venta no es un factor determinante para una decisión para cancelar el proyecto o modificar su destino.

-El siguiente cambio fue aumentar el costo de construcción por m2, algo que podría sonar irracional o ilógico siendo que nuestro objetivo es aumentar la utilidad, pero si pensamos de manera estratégica, nos daremos cuenta que el aumentar el costo de construcción nos abre la puerta a muchas oportunidades, como conseguir mejores acabados, invertir en una fachada más vistosa y, por ende, más comercial y atractiva al gusto de los clientes, al ser así, nuestro proyecto puede ofrecerse a un precio más alto, lo que se convertirá en una recuperación de la venta que perdimos originalmente al disminuir la cantidad de departamentos.

Estamos convirtiendo un obstáculo, en un beneficio.

-Otro cambio fue incluir los cajones de estacionamiento a la venta, del resultado de obtener el CUZUS, nos arrojó otro dato importante: el área libre que debemos dejar que corresponde al 30%, esta área nos sirve para poder alojar los cajones de estacionamiento que incluimos en la venta, es un ingreso sin costo que nos ayuda a mejorar la utilidad del desarrollo.

-Por último, aumentamos de 2% a 3.5% el gasto administrativo, para ello, elaboramos un análisis detallado de gastos indirectos en el desarrollo y determinamos que el 3.5% que traducido a dinero es de $560,000, era el necesario para nuestro proyecto, adjuntamos dicho análisis:

CALCULO DEL FACTOR DE INDIRECTOS Y UTILIDAD

CALCULO DEL FACTOR DE INDIRECTOS Y UTILIDAD

ANALISIS DE INDIRECTOS PARA GENESIS

meses 18

DESCRIPCION	IMPORTE PERIODO PARA OF. CENTRAL	TOTAL PARA OFICINA CENTRAL	IMPORTE / PERIODO OFICINA OBRA	IMPORTE TOTAL OFICINA OBRA
Cálculo de Indirectos				
HONORARIOS, SUELDOS Y PRESTACIONES				
Personal Directivo	$54,000.00	$972,000.00	$0.00	$0.00
Director General	$40,000.00		$0.00	
Gerente Administrativo	$0.00		$0.00	
Gerente Construcción	$0.00		$0.00	
Contador	$0.00		$0.00	
Asistente Contabilidad	$0.00		$0.00	
Compras y Abastecimientos	$0.00		$0.00	
Asistente de Dirección	$14,000.00		$0.00	
Personal Técnico	$8,000.00	$144,000.00	$42,000.00	$756,000.00
Jefe de Costos	$0.00		$0.00	
Jefe de Compras	$0.00		$0.00	
Jefe de Seguridad Industrial y de Obra	$0.00		$0.00	
Jefe de Calidad en Obra	$0.00		$0.00	
Residente de Obra	$0.00		$25,000.00	
Residente de Instalaciones y Montajes	$0.00		$0.00	
Superintendente	$0.00		$0.00	
Bodeguero	$0.00		$9,000.00	
Chofer	$8,000.00		$8,000.00	
Personal Administrativo	$0.00	$0.00	$10,000.00	$180,000.00
Administrativo de Obra	$0.00		$10,000.00	
Encargado de compras locales			$0.00	
Auditor	$0.00		$0.00	
Velador	$0.00		$0.00	
Seguridad (1 elem)	$0.00		$0.00	
Almacenista			$0.00	
Personal de Tránsito				
Cuotas Patronales (IMSS, RCV, Infonavit, Cesantia y Vejez)	$18,600.00	$334,800.00	$15,600.00	$280,800.00
Prestaciones de ley (P.Vacacional, Vacaciones y Aguinaldo)	$2,802.40	$50,443.20	$2,350.40	$42,307.20
Pasajes (FORÁNEOS Y LOCALES)	$0.00	$0.00	$120.00	$2,160.00
Viáticos y alimentación personal foráneo	$1.00	$0.00	$120.00	$2,160.00
TOTAL DE SUELDOS Y PRESTACIONES		$1,501,243.20		$1,263,427.20
DEPRECIACION, MANTENIMIENTO Y RENTAS				
Edificios y Locales	$20,000.00	$240,000.00	$0.00	$0.00
Bodegas	$0.00	$0.00	$0.00	$0.00
Muebles y Enseres	$0.00	$0.00	$0.00	$0.00
Depreciación o Renta y Operación de Vehículos	$0.00	$0.00	$0.00	$0.00
Equipo de seguridad y señalamientos			$0.00	$0.00
Uniformes			$0.00	$0.00
Grúa telescópica			$0.00	$0.00
Laboratorio			$0.00	$0.00
Campamentos o alojamientos	$0.00	$0.00	$8,000.00	$8,000.00
TOTAL DEPRECIACIONES, MANTENIMIENTO Y RENTAS		$240,000.00		$8,000.00
FLETES Y ACARREOS				
De Campamentos	$0.00	$0.00	$0.00	$0.00
De Equipo de Construcción	$0.00	$0.00	$0.00	$0.00
De Plantas y Elementos para Instalaciones	$0.00	$0.00	$0.00	$0.00
TOTAL FLETES Y ACARREOS		$0.00		$0.00
GASTOS DE OFICINA				
Papelería y Útiles de Escritorio	$2,000.00	$24,000.00	$200.00	$1,800.00
Mensajería, Teléfonos, Banda Ancha	$1,000.00	$12,000.00	$180.00	$1,620.00
Copias y Duplicados	$1,000.00	$12,000.00	$0.00	$0.00
Luz, Gas y Otros Consumos	$1,000.00	$12,000.00	$120.00	$2,160.00
Gastos de Consumos	$0.00	$0.00	$0.00	$0.00
Gastos sin comprobación e Imprevistos	$0.00	$0.00	$0.00	$0.00
TOTAL GASTOS DE OFICINA		$60,000.00		$5,580.00
SEGUROS Y FIANZAS				
Primas por Seguros	$5,000.00	$60,000.00	$10,398.00	$10,398.00
Primas por Fianzas	$0.00	$0.00	$10,400.00	$10,400.00
TOTAL SEGUROS Y FIANZAS		$60,000.00		$20,798.00
RESUMEN				
HONORARIOS SUELDOS Y PRESTACIONES		$1,501,243.20		$1,263,427.20
DEPRECIACION, MANTENIMIENTO Y RENTAS		$240,000.00		$8,000.00
FLETES Y ACARREOS		$0.00		$0.00
GASTOS DE OFICINA		$60,000.00		$5,580.00
SEGUROS Y FIANZAS		$60,000.00		$20,798.00
TOTAL		$1,861,243.20		$1,297,805.20
TOTAL MES		$31,020.72		$72,100.29
A) Costo Directo de la obra		$14,949,000.00		
B) Indirectos de oficina central cargados a la obra		$558,372.96		
C) Indirectos de oficina en obra		$1,297,805.20		
D) % indirectos de la oficina central= (B/A)=		3.74%		
E) % indirectos de la oficina en obra= (C/A)*100=		8.68%		
% DE INDIRECTOS= D + E		12.42%		
UTILIDAD		15.00%		
INDIRECTO INTEGRADO		27.42%		$4,098,528.16 / $19,047,528.16

En el análisis podemos ver que el negocio sólo considera un Director General, que es el dueño del negocio, si incrementamos la plantilla, lo que haremos, es afectar directamente el resultado de nuestro análisis y por tanto, disminuir la utilidad, este es otro factor a considerar para decidir si seguir adelante o no, tal vez el porcentaje de utilidad sobre las ventas sea atractivo, tal vez, el ROI sea el correcto, pero el tamaño del negocio no representa ningún beneficio para la empresa, simplemente seguir operando. Puede ser un proyecto para una empresa pequeña o para un emprendedor, pero no para una empresa mediana o grande. La sostenibilidad del negocio se tambalea entonces por el tamaño del proyecto, si decidimos que es el negocio adecuado para el tamaño de nuestra empresa, seguimos adelante, de otra forma, buscamos un proyecto con mayores números.

Para efectos de ejemplo en el libro, seguimos adelante considerando que los cambios que hemos realizado son positivos para nosotros y nos ayudan a tomar la decisión de avanzar.

Derivado de nuestra decisión de seguir adelante con el proyecto, y con los cambios realizados a las premisas básicas del business plan, nuestra Corrida Financiera o Estado Proforma de Resultados, se modifica quedando de la siguiente manera:

ESTADO FINANCIERO GENESIS

BUSINESS PLAN GENESIS

			TOTAL	% / VENTAS		ETAPA 1
	VENTAS TOTALES		$ 42,032,000.00	100.00%	$	42,032,000.00
1		COSTOS DE TERRENO	$ 6,810,355.00	16.20%	$	6,810,355.00
1	1.A	COSTO TERRENO	$ 6,300,000.00	14.99%	$	6,300,000.00
2	1.B	ESCRITURACION	$ 320,355.00	0.76%	$	320,355.00
3	1.C	TITLE INSURANCE		0.00%	$	
4	1.D	COMISION CORRETAJE		0.00%	$	
5	1.E	APEO Y DESLINDE	$ 65,000.00	0.15%		65,000.00
6	1.F	CERCADO PROVISIONAL Y CASETA DE VIGILANCIA	$ 125,000.00	0.30%	$	125,000.00
2		COSTOS DE PROYECTOS EJECUTIVOS E IMAGEN	$ 1,455,960.00	3.46%	$	1,455,960.00
7	2.A	PROYECTO EJECUTIVO	$ 1,260,960.00	3.00%		1,260,960.00
8	2.B	RESONANCIA MAGNETICA	$ 75,000.00	0.18%		75,000.00
9	2.C	ESTUDIO DE IMPACTO REGIONAL	$	0.00%	$	
10	2.D	ESTUDIO DE IMPACTO AMBIENTAL	$	0.00%		
11	2.E	ESTUDIO SECRETARIA DE SALUD	$	0.00%		
12	2.F	MAQUETAS, PRESENT, COPIAS, TOPOGRAFICO,PROY HIDRO SANIT	$ 120,000.00	0.29%		120,000.00
3		COSTOS DE LICENCIAS, PERMISOS Y DERECHOS	$ 742,546.00	1.77%	$	742,546.00
13	3.A	ORGANISMO DE AGUA Y ALCANTARILLADO	$ 104,000.00	0.25%		104,000.00
14	3.B	USO DE SUELO	$ 208,000.00	0.49%		208,000.00
15	3.C	CFE SOLICITUD DE PRESUPUESTO	$ 91,000.00	0.22%		91,000.00
16	3.D	LICENCIA CONSTRUCCION, N° OFICIAL Y ALINEAMIENTO	$ 166,110.00	0.40%		166,110.00
17	3.E	REG CONDOMINIO, MEJORAS MUNICIPALES	$ 53,436.00	0.13%		53,436.00
18	3.F	FIDEICOMISO Y GASTOS NOTARIALES	$ 120,000.00	0.29%		120,000.00
19	3.G	GESTORIA	$	0.00%		
4		COSTOS DE CONSTRUCCION	$ 17,694,900.00	42.10%	$	17,694,900.00
23	4.A	INFRAESTRUCTURA (AMENIDADES Y ROOF GARDEN)	$ 1,950,000.00	4.64%		1,950,000.00
24	4.B	URBANIZACION Y VIALIDAD INTERNA	$	0.00%		
25	4.C	EDIFICACION	$ 14,949,900.00	35.57%		14,949,900.00
26	4.D	ALUMBRADO	$ 75,000.00	0.18%		75,000.00
27	4.E	BARDA PERIMETRAL Y FACHADA	$ 50,000.00	0.12%		50,000.00
28	4.F	REJA ELECTRICA	$ 40,000.00	0.10%		40,000.00
29	4.G	AREAS COMUNES, JARDINERA Y AMENIDADES	$ 550,000.00	1.31%		550,000.00
30	4.H	CASETAS, PALAPAS	$ 80,000.00	0.19%		80,000.00
5		COSTOS DE COMERCIALIZACION	$ 2,618,800.00	5.87%	$	2,618,800.00
31	5.A	COMISION DE VENTAS 5.0%	$ 2,101,600.00	5.00%		2,101,600.00
32	5.B	GASTOS DE PROMOCION	$ 367,200.00	0.87%		367,200.00
33	5.C	ESTUDIO DE MERCADO	$ 150,000.00	0.36%		150,000.00
6		COSTOS DE INFONAVIT, SHF, FOVISSSTE	$ 120,000.00	0.29%	$	120,000.00
38	6.A	COMISION FOVISSSTE		0.00%		
39	6.B	COMISION INFONAVIT	$ 120,000.00	0.29%		120,000.00
40	6.C	COMISION SHF		0.00%		
7		COSTO FINANCIERO DE DESARROLLO	$ 2,535,725.35	6.03%	$	2,535,725.35
42	7.A	COMISION APERTURA DE CREDITO	$ 536,016.00	1.28%		536,016.00
43	7.B	INTERESES NO PREVISTOS EN RENGLON 45		0.00%		
44	7.C	COSTO FINANCIERO FIDEICOMISO	$	0.00%		
45	7.D	INTERESES MENSUALES DEL DESARROLLO	$ 1,999,709.346	4.76%		1,999,709.35
8		PROVISIONES VARIAS	$	0.00%		
46	8.A	PROVISION PARA HONORARIOS NOTARIALES		0.00%		
48	8.C	PROVISION PARA HONORARIOS FISCALES		0.00%		
51	8.F	PROVISION PARA IMPUESTOS VARIOS		0.00%		
52	8.G	IMPREVISTOS	$	0.00%		
9		GASTOS DE ADMINISTRACION	$ 1,857,800.00	4.42%	$	1,857,800.00
53	9.A	GASTOS CORPORATIVOS	$ 560,000.00	1.33%		560,000.00
54	9.B	INDIRECTOS DE OBRA	$ 1,297,800.00	3.09%		1,297,800.00
	TOTAL DE GASTOS Y COSTOS		$ 33,836,086.35	80.14%	$	33,836,086.35
	UTILIDAD ESPERADA DEL DESARROLLO S/ VENTAS		$ 8,195,913.65	19.50%	$	8,195,913.65
	UTILIDAD SOBRE INVERSION (ROI)		$ 8,195,913.65	24.22%		

Podemos ver que la utilidad disminuye en monto así como en porcentaje, sin embargo, se sostiene significativamente, tan sólo bajó dos puntos porcentuales a pesar de haber incrementado el costo de construcción y los gastos indirectos, lo que nos da una buena idea de que el proyecto es un negocio noble al que todavía podríamos estresar un poco más, es decir, podemos bajar los ingresos, aumentar gastos y jugar con los números hasta crear nuestro peor escenario, ya que llevar nuestro proyecto esta situación nos da la idea de lo que puede pasar y veremos si estamos dispuestos a entrar al negocio a pesar de tener el peor escenario posible, siempre buscaremos tener un punto de comparación y así tomar la mejor decisión.

En nuestro ejemplo podemos ver que el ROI es de 24% para un proyecto de 18 meses, es decir, un 16% anual bruto, aparentemente suene bajo o no se vea lo suficientemente atractivo, pero vayamos más a fondo en nuestro análisis, el ROI es el Retorno Sobre la Inversión, sobre lo gastado propiamente, no sobre NUESTRA inversión, nuestra inversión en realidad es el capital que salió de nuestra bolsa para lograr este proyecto y es ahí donde está el secreto del éxito de cada proyecto, buscar que salga la menor cantidad posible de nuestra cuenta y utilicemos los recursos provenientes de nuestra creatividad:

- Podemos comprar el terreno al mismo precio, pero fijando un pago por cada venta de las viviendas hasta llegar a la cantidad acordada.
- Otra idea es dando en pago las viviendas que construiremos a cambio de un porcentaje del terreno o a cambio de una parte de la obra, esto nos ayuda desde varios lados, ya que, tenemos menos viviendas que vender porque las entregadas a cambio de obra o de terreno, se consideran vendidas, también nos disminuye los intereses a pagar desde que no vamos a utilizar una buena cantidad del crédito, y esto se traduce en mayores utilidades.
- Mientras menos departamentos tengamos que vender

y los usemos como moneda, ya sea de materiales, construcción o terreno, al final, tendríamos asegurado el éxito al tener que vender dos o tres únicamente. La venta de ellos sería prácticamente nuestra utilidad.

- Y si al final, vendemos los departamentos y nos quedan uno o dos como remanentes, ésos los podemos dejar en renta y tener un ingreso pasivo fijo.

Antes de hacer lo anterior, nos aseguraremos de que nuestro flujo se alinee perfectamente y todas las negociaciones se hallen firmadas y protocolizadas ante notario, recordemos que una vez que arranquemos, no debemos parar, el costo sería muy alto y nuestro margen no aguantaría un paro indefinido.

Revisemos el flujo cómo ha quedado con las modificaciones realizadas al Business Plan y a la Corrida Financiera:

EGRESOS		TOTALES	MES 0	MES 1	MES 2	MES 3
1	COSTOS DE TERRENO	$ 6,810,355.00	$ 1,280,355.00	$ 150,000.00	$ 150,000.00	$ 150,000.00
1.A	COSTO TERRENO	$ 6,300,000.00	$ 750,000.00	$ 150,000.00	$ 150,000.00	$ 150,000.00
	Etapa 1	$ 6,300,000.00	$ 750,000.00	$ 150,000.00	$ 150,000.00	$ 150,000.00
1.B	ESCRITURACION	$ 320,355.00	$ 320,355.00	$ -	$ -	$ -
	Etapa 1	$ 320,355.00	$ 320,355.00			
1.C	TITLE INSURANCE	$ -	$ -	$ -	$ -	$ -
	Etapa 1	$ -				
1.D	COMISION CORRETAJE	$ -	$ -	$ -	$ -	$ -
	Etapa 1	$ -				
1.E	APEO Y DESLINDE	$ 65,000.00	$ 65,000.00	$ -	$ -	$ -
	Etapa 1	$ 65,000.00	$ 65,000.00			
1.F	CERCADO PROVISIONAL Y CASETA D	$ 125,000.00	$ 125,000.00	$ -	$ -	$ -
	Etapa 1	$ 125,000.00	$ 125,000.00			
2	COSTOS DE PROYECTOS EJECUTIVOS	$ 1,455,960.00	$ 1,455,960.00			
2.A	PROYECTO EJECUTIVO	$ 1,260,960.00	$ 1,260,960.00	$ -	$ -	$ -
	Etapa 1	$ 1,260,960.00	$ 1,260,960.00			
2.B	RESONANCIA MAGNETICA	$ 75,000.00	$ 75,000.00	$ -	$ -	$ -
	Etapa 1	$ 75,000.00	$ 75,000.00			
2.C	ESTUDIO IMPACTO REGIONAL	$ -	$ -	$ -	$ -	$ -
	Etapa 1	$ -				
2.D	ESTUDIO IMPACTO AMBIENTAL	$ -	$ -	$ -	$ -	$ -
	Etapa 1	$ -				
2.E	ESTUDIO SECRETARIA DE SALUD	$ -	$ -	$ -	$ -	$ -
	Etapa 1	$ -				
2.F	MAQUETAS, PRESENT, COPIAS, TOPC	$ 120,000.00	$ 120,000.00	$ -	$ -	$ -
	Etapa 1	$ 120,000.00	$ 120,000.00			
3	COSTOS DE LICENCIAS, PERMISOS Y	$ 742,546.00	$ 742,546.00			
3.A	ORGANISMO DE AGUA Y ALCANTARIL	$ 104,000.00	$ 104,000.00	$ -	$ -	$ -
	Etapa 1	$ 104,000.00				
3.B	USO DE SUELO	$ 208,000.00	$ 208,000.00	$ -	$ -	$ -
	Etapa 1	$ 208,000.00				
3.C	CFE SOLICITUD DE PRESUPUESTO	$ 91,000.00	$ 91,000.00	$ -	$ -	$ -
	Etapa 1	$ 91,000.00				
3.D	LICENCIA CONSTRUCCION, N° OFICIA	$ 166,110.00	$ 166,110.00	$ -	$ -	$ -
	Etapa 1	$ 166,110.00				
3.E	REG CONDOMINIO, MEJORAS MUNICI	$ 53,436.00	$ 53,436.00	$ -	$ -	$ -
	Etapa 1	$ 53,436.00				
3.F	FIDEICOMISO Y GASTOS NOTARIALES	$ 120,000.00	$ 120,000.00	$ -	$ -	$ -
	Etapa 1	$ 120,000.00				
3.G	GESTORIA	$ -	$ -	$ -	$ -	$ -
	Etapa 1	$ -				
4	COSTOS DE CONSTRUCCION	$ 17,694,900.00	$ 40,000.00	$ 1,592,600.00	$ 1,764,990.00	$ 1,689,990.00
4.A	INFRAESTRUCTURA (AMENIDADES Y	$ 1,950,000.00	$ -	$ 97,500.00	$ 195,000.00	$ 195,000.00
	Etapa 1	$ 1,950,000.00		$ 97,500.00	$ 195,000.00	$ 195,000.00
4.B	URBANIZACION Y VIALIDAD INTERNA	$ -	$ -	$ -	$ -	$ -
	Etapa 1	$ -				
4.C	EDIFICACION	$ 14,949,900.00	$ -	$ 1,494,990.00	$ 1,494,990.00	$ 1,494,990.00
	Etapa 1	$ 14,949,900.00		$ 1,494,990.00	$ 1,494,990.00	$ 1,494,990.00
4.D	ALUMBRADO	$ 75,000.00	$ -	$ -	$ 75,000.00	$ -
	Etapa 1	$ 75,000.00			$ 75,000.00	
4.E	BARDA PERIMETRAL Y FACHADA	$ 50,000.00	$ -	$ -	$ -	$ -
	Etapa 1	$ 50,000.00				
4.F	REJA ELECTRICA	$ 40,000.00	$ 40,000.00	$ -	$ -	$ -
	Etapa 1	$ 40,000.00	$ 40,000.00			
4.G	AREAS COMUNES, JARDINERIA Y AME	$ 560,000.00	$ -	$ -	$ -	$ -
	Etapa 1	$ 560,000.00				
4.H	CASETAS, PALAPAS	$ 80,000.00	$ -	$ -	$ -	$ -
	Etapa 1	$ 80,000.00				
5	COSTOS DE COMERCIALIZACION	$ 2,618,800.00	$ 150,000.00	$ 50,000.00	$ 30,000.00	$ 94,193.10
5.A	COMISION DE VENTAS 5.0%	$ 2,101,600.00	$ -	$ -	$ -	$ 64,193.10
	Etapa 1	$ 2,101,600.00				$ 64,193.10
5.B	GASTOS DE PROMOCION	$ 367,200.00	$ -	$ 50,000.00	$ 30,000.00	$ 30,000.00
	Etapa 1	$ 367,200.00		$ 50,000.00	$ 30,000.00	$ 30,000.00
5.C	ESTUDIO DE MERCADO	$ 150,000.00	$ 150,000.00	$ -	$ -	$ -
	Etapa 1	$ 150,000.00	$ 150,000.00			
6	COSTOS DE INFONAVIT, SHF, FOVISS	$ 120,000.00	$ 120,000.00			
6.A	COMISION FOVISSSTE	$ -	$ -	$ -	$ -	$ -
	Etapa 1	$ -				
6.B	COMISION INFONAVIT	$ 120,000.00	$ 120,000.00	$ -	$ -	$ -
	Etapa 1	$ 120,000.00	$ 120,000.00			
6.C	COMISION SHF	$ -	$ -	$ -	$ -	$ -
	Etapa 1	$ -				
7	COSTO FINANCIERO DE DESARROLLO	$ 2,535,725.3462	$ 536,016.00	$ 95,929.56	$ 124,623.72	$ 152,317.88
7.A	COMISION APERTURA DE CREDITO	$ 536,016.00	$ 536,016.00	$ -	$ -	$ -
	Etapa 1	$ 536,016.00	$ 536,016.00			
7.D	INTERESES MENSUALES DEL DESARI	$ 1,999,709.3462	$ -	$ 95,929.56	$ 124,623.72	$ 152,317.88
	Etapa 1	$ 1,999,709.35		$ 95,929.56	$ 124,623.72	$ 152,317.88
8	PROVISIONES VARIAS		$ -	$ -	$ -	$ -
8.A	PROVISION PARA HONORARIOS NOT/	$ -	$ -	$ -	$ -	$ -
	Etapa 1	$ -				
8.C	PROVISION PARA HONORARIOS FISC	$ -	$ -	$ -	$ -	$ -
	Etapa 1	$ -				
8.G	IMPREVISTOS	$ -	$ -	$ -	$ -	$ -
	Etapa 1	$ -				
9	GASTOS DE ADMINISTRACION	$ 1,857,600.00	$ 103,211.11	$ 103,211.11	$ 103,211.11	$ 103,211.11
9.A	GASTOS CORPORATIVOS	$ 560,000.00	$ 31,111.11	$ 31,111.11	$ 31,111.11	$ 31,111.11
	Etapa 1	$ 560,000.00	$ 31,111.11	$ 31,111.11	$ 31,111.11	$ 31,111.11
9.B	INDIRECTOS DE OBRA	$ 1,297,800.00	$ 72,100.00	$ 72,100.00	$ 72,100.00	$ 72,100.00
	Etapa 1	$ 1,297,800.00	$ 72,100.00	$ 72,100.00	$ 72,100.00	$ 72,100.00
10	Amortización de Crédito	$ 22,912,872.06				
	Total de Egresos		$ 4,408,088.11	$ 1,992,630.67	$ 2,172,824.83	$ 2,189,712.09

DESARROLLAR SIN MORIR EN EL INTENTO

MES 4	MES 5	MES 6	MES 7	MES 8	MES 9	MES 10
300,000.00	300,000.00	300,000.00	300,000.00	300,000.00	300,000.00	300,000.00
300,000.00	300,000.00	300,000.00	300,000.00	300,000.00	300,000.00	300,000.00
300,000.00	300,000.00	300,000.00	300,000.00	300,000.00	300,000.00	300,000.00
-	-	-	-	-	-	-
-	-	-	-	-	-	-
-	-	-	-	-	-	-
-	-	-	-	-	-	-
-	-	-	-	-	-	-
-	-	-	-	-	-	-
-	-	-	-	-	-	-
-	-	-	-	-	-	-
-	-	-	-	-	-	-
-	-	-	-	-	-	-
-	-	-	-	-	-	-
-	-	-	-	-	-	-
-	-	-	-	-	-	-
-	-	-	-	-	-	-
-	-	-	-	-	-	-
-	-	-	-	-	-	-
-	-	-	-	-	-	-
-	-	-	-	-	-	-
-	-	-	-	-	-	-
-	-	-	-	-	-	-
-	-	-	-	-	-	-
-	-	-	-	-	-	-
-	-	-	-	-	-	-
-	-	-	-	-	-	-
-	-	-	-	-	-	-
-	-	-	-	-	-	-
-	-	-	-	-	-	-
-	-	-	-	-	-	-
1,884,990.00	1,884,990.00	1,739,990.00	947,495.00	844,995.00	844,995.00	844,995.00
390,000.00	390,000.00	195,000.00	195,000.00	97,500.00	97,500.00	97,500.00
390,000.00	390,000.00	195,000.00	195,000.00	97,500.00	97,500.00	97,500.00
-	-	-	-	-	-	-
1,494,990.00	1,494,990.00	1,494,990.00	747,495.00	747,495.00	747,495.00	747,495.00
1,494,990.00	1,494,990.00	1,494,990.00	747,495.00	747,495.00	747,495.00	747,495.00
-	-	-	-	-	-	-
-	-	-	-	-	-	-
-	-	50,000.00	-	-	-	-
-	-	50,000.00	-	-	-	-
-	-	-	-	-	-	-
-	-	-	-	-	-	-
-	-	-	-	-	-	-
222,579.31	128,386.21	158,386.21	222,579.31	256,772.41	222,579.31	222,579.31
192,579.31	128,386.21	128,386.21	192,579.31	256,772.41	192,579.31	192,579.31
192,579.31	128,386.21	128,386.21	192,579.31	256,772.41	192,579.31	192,579.31
30,000.00	30,000.00	30,000.00	30,000.00	30,000.00	30,000.00	30,000.00
30,000.00	30,000.00	30,000.00	30,000.00	30,000.00	30,000.00	30,000.00
-	-	-	-	-	-	-
-	-	-	-	-	-	-
-	-	-	-	-	-	-
-	-	-	-	-	-	-
-	-	-	-	-	-	-
180,012.04	207,706.20	235,400.36	199,586.95	163,777.53	139,903.26	129,876.08
-	-	-	-	-	-	-
180,012.04	207,706.20	235,400.36	199,586.95	163,777.53	139,903.26	129,876.08
180,012.04	207,706.20	235,400.36	199,586.95	163,777.53	139,903.26	129,876.08
-	-	-	-	-	-	-
-	-	-	-	-	-	-
-	-	-	-	-	-	-
103,211.11	103,211.11	103,211.11	103,211.11	103,211.11	103,211.11	103,211.11
31,111.11	31,111.11	31,111.11	31,111.11	31,111.11	31,111.11	31,111.11
31,111.11	31,111.11	31,111.11	31,111.11	31,111.11	31,111.11	31,111.11
72,100.00	72,100.00	72,100.00	72,100.00	72,100.00	72,100.00	72,100.00
72,100.00	72,100.00	72,100.00	72,100.00	72,100.00	72,100.00	72,100.00
			2,772,496.55	2,772,496.55	1,445,331.03	1,448,331.03
2,690,792.46	2,854,293.52	2,836,987.68	4,540,370.92	4,471,252.61	3,459,019.71	3,448,992.52

JORGE AMAZATÁN SAHAGÚN

MES 11	MES 12	MES 13	MES 14	MES 15	MES 16	MES 17
300,000.00	300,000.00	300,000.00	300,000.00	300,000.00	300,000.00	1,200,000.00
300,000.00	300,000.00	300,000.00	300,000.00	300,000.00	300,000.00	1,200,000.00
300,000.00	300,000.00	300,000.00	300,000.00	300,000.00	300,000.00	1,200,000.00
-	-	-	-	-	-	-
-	-	-	-	-	-	-
-	-	-	-	-	-	-
-	-	-	-	-	-	-
-	-	-	-	-	-	-
-	-	-	-	-	-	-
-	-	-	-	-	-	-
-	-	-	-	-	-	-
-	-	-	-	-	-	-
-	-	-	-	-	-	-
-	-	-	-	-	-	-
-	-	-	-	-	-	-
-	-	-	-	-	-	-
-	-	-	-	-	-	-
-	-	-	-	-	-	-
-	-	-	-	-	-	-
-	-	-	-	-	-	-
-	-	-	-	-	-	-
-	-	-	-	-	-	-
-	-	-	-	-	-	-
-	-	-	-	-	-	-
-	-	-	-	-	-	-
-	-	-	-	-	-	-
-	-	-	-	-	-	-
-	-	-	-	-	-	-
-	-	-	-	-	-	-
-	-	-	-	-	-	-
947,495.00	947,495.00	897,495.00	827,495.00	-	-	-
-	-	-	-	-	-	-
-	-	-	-	-	-	-
-	-	-	-	-	-	-
747,495.00	747,495.00	747,495.00	747,495.00	-	-	-
747,495.00	747,495.00	747,495.00	747,495.00	-	-	-
-	-	-	-	-	-	-
-	-	-	-	-	-	-
-	-	-	-	-	-	-
200,000.00	200,000.00	150,000.00	-	-	-	-
200,000.00	200,000.00	150,000.00	-	-	-	-
-	-	-	80,000.00	-	-	-
-	-	-	80,000.00	-	-	-
222,579.31	81,393.10	64,193.10	128,386.21	64,193.10	240,000.00	-
192,579.31	64,193.10	64,193.10	128,386.21	64,193.10	240,000.00	-
192,579.31	64,193.10	64,193.10	128,386.21	64,193.10	240,000.00	-
30,000.00	17,200.00	-	-	-	-	-
30,000.00	17,200.00	-	-	-	-	-
-	-	-	-	-	-	-
-	-	-	-	-	-	-
-	-	-	-	-	-	-
-	-	-	-	-	-	-
-	-	-	-	-	-	-
119,648.86	109,621.67	99,794.47	49,108.78	-	-	-
-	-	-	-	-	-	-
119,848.86	109,621.67	99,794.47	40,108.78	-	-	-
119,848.86	109,621.67	99,794.47	40,108.78	-	-	-
-	-	-	-	-	-	-
-	-	-	-	-	-	-
-	-	-	-	-	-	-
-	-	-	-	-	-	-
103,211.11	103,211.11	103,211.11	103,211.11	103,211.11	103,211.11	103,211.11
31,111.11	31,111.11	31,111.11	31,111.11	31,111.11	31,111.11	31,111.11
31,111.11	31,111.11	31,111.11	31,111.11	31,111.11	31,111.11	31,111.11
72,100.00	72,100.00	72,100.00	72,100.00	72,100.00	72,100.00	72,100.00
72,100.00	72,100.00	72,100.00	72,100.00	72,100.00	72,100.00	72,100.00
1,848,331.03	1,848,331.03	1,948,331.03	4,820,627.59	3,405,798.14		
3,541,465.32	3,390,251.92	3,313,024.72	6,020,026.09	3,572,600.35	643,211.11	1,303,211.11

RESUMEN INGRESOS

INGRESOS	MES 0	MES 1	MES 2	MES 3	MES 4	MES 5	MES 6	MES 7
ANTICIPOS Y MINISTRACIONES	5,360,160	2,144,064	2,144,064	2,144,064	2,144,064	2,144,064	2,144,064	-
ENGANCHES		185,000	185,000	185,000	185,000	370,000	370,000	539,150
INDIVIDUALIZACIONES		-	-	3,515,000	3,515,000	3,515,000	3,515,000	7,030,000
SUMA INGRESOS PUENTE Y VENTAS	5,360,160	2,329,064	2,329,064	5,844,064	5,844,064	6,029,064	6,029,064	7,569,150
NETO MENSUAL $	952,071.89	336,433.33	156,239.17	3,654,351.91	3,153,271.54	3,374,770.48	3,492,076.32	3,028,779.08
ACUMULADO MENSUAL	$	1,288,505.22	1,444,744.39	5,099,096.29	8,252,367.83	11,627,138.31	15,119,214.63	18,147,993.72

DESARROLLAR SIN MORIR EN EL INTENTO

MES 8	MES 9	MES 10	MES 11	MES 12	MES 13	MES 14	MES 15	MES 16	MES 17
-	-	1,072,032	1,072,032	1,072,032	1,072,032	-	- $	- $	-
507,450	507,450	507,450	338,300	338,300	338,300	-	-	-	-
10,545,000	10,243,850	9,641,550	9,641,550	12,855,400	6,427,700	6,427,700	-	- $	-
11,052,450	10,751,300	11,221,032	11,051,882	14,265,732	7,838,032	6,427,700	-	-	-
$ 6,581,197.39 $	7,292,280.29 $	7,772,039.48 $	7,510,416.68 $	10,875,480.08 $	4,525,007.28 $	407,671.31 -$	3,572,600.35 -$	643,211.11 -$	1,303,211.11
$ 24,729,191.11 $	32,021,471.39 $	39,793,510.88 $	47,303,927.56 $	58,179,407.64 $	62,704,414.92 $	63,112,086.23 $	59,539,485.88 $	58,896,274.76 $	57,593,063.65

NETO MENSUAL

	MES 0	MES 1	MES 2	MES 3	MES 4	MES 5	MES 6	MES 7
EGRESOS	$ 4,726,384.50	$ 2,318,712.76	$ 2,576,480.28	$ 2,535,736.35	$ 3,063,033.30	$ 3,020,259.94	$ 3,870,217.01	$ 4,980,586.46
INGRESOS	$ 6,241,950.00	$ 2,681,780.00	$ 2,681,780.00	$ 6,196,780.00	$ 6,196,780.00	$ 6,381,780.00	$ 6,381,780.00	$ 7,569,150.00
SALDO MENSUAL	$ 1,515,565.50	$ 363,067.24	$ 103,293.73	$ 3,661,043.65	$ 3,133,746.70	$ 3,361,520.06	$ 2,511,562.99	$ 2,588,563.54

MES 10	MES 11	MES 12	MES 13	MES 14	MES 15	MES 16	MES 17
$ 3,760,699.57 $	4,816,838.24 $	4,602,321.35 $	3,550,746.32 $	6,418,895.40 $	467,404.21 $	373,350.00 $	1,273,350.00
$ 11,397,390.00 $	11,228,240.00 $	14,442,090.00 $	8,014,390.00 $	6,427,700.00 $	- $	- $	-
$ 7,636,690.43 $	6,411,403.76 $	9,839,768.65 $	4,463,643.68 $	9,004.60 -$	467,404.21 -$	373,350.00 -$	1,273,350.00

Consideremos que nuestro flujo está correcto, que nuestro Business Plan se mantiene y la Corrida Financiera se halla revisada, entonces pasaremos a la parte del Desarrollo Inmobiliario propiamente, las VENTAS.

		MES 0	MES 1	MES 2	MES 3	MES 4	MES 5	MES 6	MES 7	MES 8
DEPARTAMENTO A	Enganche	-	-	-	1	1	-	-	1	1
	Individualización	-	-	-	-	-	-	-	-	1
DEPARTAMENTO B	Enganche	-	-	-	-	-	-	-	-	-
	Individualización	-	-	-	-	-	-	-	-	-
PENT HOUSE CON ROOF GARDEN	Enganche	-	-	-	-	-	-	-	-	1
	Individualización	-	-	-	-	-	-	-	-	-
BODEGAS 3M2	Enganche	-	-	-	-	-	2	2	2	2
	Individualización	-	-	-	-	-	-	-	-	2
CAJONES ESTACIONAMIENTO	Enganche	-	-	-	-	-	-	-	-	-
	Individualización	-	-	-	-	-	-	-	-	-
Total	Enganche	-	-	-	1	3	2	2	3	4
	Individualización	-	-	-	-	-	-	-	-	3

MES 9	MES 10	MES 11	MES 12	MES 13	MES 14	MES 15	MES 16	MES 17	Totales
-	-	-	-	-	-	-	-	-	4
-	-	-	-	-	2	-	-	-	4
1	1	1	-	-	-	-	-	-	3
-	-	-	-	1	1	1	-	-	3
-	-	1	-	-	-	-	-	-	2
-	-	-	1	1	-	-	-	-	2
2	2	1	1	1	2	1	-	-	20
2	2	1	1	1	2	7	-	-	20
-	-	-	-	-	-	-	-	-	-
3	3	3	1	1	2	1	-	-	29
2	2	2	2	2	5	8	-	-	29

Una vez que revisamos VENTAS, de la mano del flujo, decidimos cuánto dinero solicitaremos al CREDITO, recordemos que aún no tenemos negociado el pago de departamentos a cambio de obra o terreno, por lo que seguiremos con el plan original.

JORGE AMAZATÁN SAHAGÚN

Mes de Recibir Anticipo:
Etapa 1 — 1

Valor Liberado/ Unidad $ 924,165.52

		MES 0 / Mes 1	MES 1 / Mes 2	MES 2 / Mes 3	MES 3 / Mes 4	MES 4 / Mes 5	MES 5 / Mes 6	MES 6 / Mes 7
Anticipos								
Etapa 1		5,360,160	-	-	-	-	-	-
Ministraciones								
Etapa 1	Posible	-	2,144,064	2,144,064	2,144,064	2,144,064	2,144,064	2,144,064
	Tomada	-	2,144,064	2,144,064	2,144,064	2,144,064	2,144,064	2,144,064
Total	Posible	-	2,144,064	2,144,064	2,144,064	2,144,064	2,144,064	2,144,064
	Tomada	-	2,144,064	2,144,064	2,144,064	2,144,064	2,144,064	2,144,064
	Acumulado	-	2,144,064	4,288,128	6,432,192	8,576,256	10,720,320	12,864,384
Saldo Anticipo más Ministraciones								
Etapa 1		5,360,160	7,504,224	9,648,288	11,792,352	13,936,416	16,080,480	18,224,544
Total		5,360,160	7,504,224	9,648,288	11,792,352	13,936,416	16,080,480	18,224,544
Amortizacion de Ministraciones								
Etapa 1		-	-	-	-	-	-	-
Saldos Ministraciones								
Etapa 1		5,360,160	7,504,224	9,648,288	11,792,352	13,936,416	16,080,480	18,224,544
Intereses								
Etapa 1		-	96,930	124,624	152,318	180,012	207,706	235,400
TOTALES								
MINISTRACIONES Y ANTICIPOS/MES		5,360,160	2,144,064	2,144,064	2,144,064	2,144,064	2,144,064	2,144,064

MES 7 / Mes 8	MES 8 / Mes 9	MES 9 / Mes 10	MES 10 / Mes 11	MES 11 / Mes 12	MES 12 / Mes 13	MES 13 / Mes 14	MES 14 / Mes 15	MES 15 / Mes 16	MES 16 / Mes 17	MES 17 / Mes 18	Totales
-	-	-	-	-	-	-	-	-	-	-	5,360,160
1,072,032	1,072,032	1,072,032	1,072,032	1,072,032	1,072,032	1,072,032	1,072,032	-	-	-	21,440,640
-	-	-	1,072,032	1,072,032	1,072,032	1,072,032	1,072,032	-	-	-	17,152,512
1,072,032	1,072,032	1,072,032	1,072,032	1,072,032	1,072,032	1,072,032	1,072,032	-	-	-	21,440,640
-	-	-	1,072,032	1,072,032	1,072,032	1,072,032	1,072,032	-	-	-	17,152,512
12,864,384	12,864,384	12,864,384	13,936,416	15,008,448	16,080,480	17,152,512	17,152,512	17,152,512	17,152,512	17,152,512	
-	-	-	1,072,032	1,072,032	1,072,032	1,072,032	-	-	-	-	
18,224,544	18,224,544	18,224,544	19,296,576	20,368,608	21,440,640	22,512,672	22,512,672	22,512,672	22,512,672	22,512,672	
18,224,544	18,224,544	18,224,544	19,296,576	20,368,608	21,440,640	22,512,672	22,512,672	22,512,672	22,512,672	22,512,672	
2,772,497	2,772,497	1,848,331	1,848,331	1,848,331	1,848,331	1,848,331	4,620,828	3,105,196	-	-	22,512,672
						1,848,331	4,620,828	3,105,196	-	-	
15,452,047	12,679,551	10,831,220	10,054,921	9,278,622	8,502,323	7,726,024	3,105,196	-	-	-	
199,589	163,778	139,903	129,876	119,849	109,822	99,794	40,109	-	-	-	1,999,709
	163,778	139,903	129,876	119,849	109,822	99,794	40,109	-	-	-	1,999,709
-	-	-	1,072,032	1,072,032	1,072,032	1,072,032	-	-	-	-	

¡Hemos terminado!, por ahora. La planeación operativa y económica están listas, podemos pasar a diseñar nuestra estrategia de VENTAS.

Como anteriormente lo mencioné, lo ideal es que salgamos a vender antes de iniciar obra mientras tramitamos licencias y permisos, por lo que es urgente tener un plan de ventas y mercadotecnia para empezar cuanto antes, vamos a ello.

PLAN DE VENTAS

Nuestro Plan de ventas estará basado en el estudio de mercado, lo que el Estudio nos diga, lo seguiremos al pie de la letra, en él, podremos saber el tipo de cliente al que nos debemos dirigir, su edad, su perfil socioeconómico, dónde vive, cuánto gana, sus gustos, sus preferencias y todo lo que necesitamos saber para ir a buscarlo y llevarlo de la mano a nuestro desarrollo y finalmente, venderle.
Parece complicado, pero siguiendo los pasos y haciendo todo de una manera lógica, no será difícil llegar a él.
El plan también deberá contemplar nuestro objetivo de ventas que incluimos y tomamos como base para llegar a los números que reflejamos en el Estado Financiero, por lo que nuestros esfuerzos tienen que ir de la mano de nuestro objetivo, la congruencia entre lo que hagamos y lo que necesitemos es clave para el éxito de nuestro proyecto.
Siguiendo el ejemplo del proyecto GENESIS, desarrollaremos el Plan de Ventas basados en un mercado que pueda pagar $4'000,000 por un departamento, que su edad se encuentre entre los 30 y 60 años de edad, buscamos un grupo económicamente activo capaz de comprometerse a pagar durante 10 años un crédito del 70% del valor del departamento y con los suficientes ahorros para desembolsar el 30% por concepto de enganche.
De acuerdo a lo anterior, nuestro mercado objetivo son personas de cualquier parte del país sin importar su actividad económica ni el número de dependientes, que tenga un ingreso fijo entre los $30,000 y los $60,000 y que alcance un crédito hipotecario de preferencia con puntaje suficiente por el INFONAVIT para acceder

a un crédito hipotecario basado en su ahorro en el instituto, sin embargo, no es exclusivo este requisito, ya que puede ser apoyado por cualquier banco si cuenta con un enganche.

Para lo que, de acuerdo a nuestro perfil, proyectaremos recibir un apartado de poca cantidad (digamos unos $10,000.00) y la firma de una intención de compra de parte del cliente que mencione el departamento, el plan de pagos para el enganche mismo que deberá quedar cubierto antes de la escrituración, aquí es donde podemos negociar y dar alguna concesión a cambio de un mayor enganche, de forma que sean los enganches una de nuestras fuentes de capitalización.

El obtener ingresos de una fuente que no nos costará intereses es la mejor manera de asegurar el éxito financiero de nuestro desarrollo, los enganches pueden ayudar a alcanzar el avance que necesitamos para que el banco se interese y vea nuestro negocio como un proyecto seguro sin riesgos, tenemos que tener en mente que el banco no deja nada a riesgo, es verdad que nos ofrece la tasa más baja, pero es el más difícil de convencer. Por lo tanto, tener avances significativos de obra y de ventas demostrables, son importantes para que nuestro desarrollo sea bien visto por el área de riesgo del banco.

PLAN DE MERCADOTECNIA

El plan de mercadotecnia debe ir de la mano del plan de ventas, no podemos dejar de lado las ventas, son el alma de nuestro desarrollo, todo irá subyugado a ellas y para ellas.

La mercadotecnia tiene que ser puntual, como conocemos nuestro mercado meta -gracias al estudio de mercado-, tenemos que enfocar nuestros esfuerzos a alcanzar a nuestros clientes lo antes posible, de preferencia antes de iniciar obras, los departamentos deberían estar vendidos una vez que iniciemos las obras, así que utilizaremos cualquier estrategia que sirva para ello.

ANUNCIOS

El presupuesto para anuncios puede ser un pozo sin fondo, la mejor forma de anunciarnos es a través de campañas por asociación, es decir, contrataremos o nos asociaremos con un experto en marketing digital que se encargará de posicionar nuestra marca y nuestro producto de acuerdo al segmento al que estamos orientados, de esta manera, nos enviará prospectos que generen citas para visitar nuestro Showroom, de cada cita efectiva con clientes, le pagaremos una comisión fija, de cada venta una comisión variable, es decir, un porcentaje, se considera variable porque aunque el precio es fijo, siempre podemos aderezar el producto agregando algún servicio adicional como una bodega o un cajón de estacionamiento o algún paquete de acabados, todo eso se puede negociar con el cliente en su visita a conocernos.

Otra forma de anunciarnos es por medio de gallardetes o banderas alrededor de nuestro desarrollo.

SEÑALIZACION

Haremos un análisis de los lugares, medios y formas de anunciarse de nuestra competencia y las utilizaremos a nuestro favor.

Si ellos se anuncian en internet, trataremos de hacer que sus anuncios recuerden a nuestros clientes que somos mejores, si ellos ponen gallardetes con flechas, procuremos que nuestros gallardetes sean más en número estando cerca de nuestro desarrollo y que el cliente siga los nuestros creyendo que son los mismos.

Esto es una guerra, el que consiga la venta primero, gana.

Si sus anuncios son vistosos, hagamos que los nuestros hablen mejor de nuestro producto, de la vista nace el amor, y el amor vende.

Existen opciones más actuales, como la publicidad en internet, de ahí salen los leads y las visitas. Nuestra campaña puede tener factores híbridos, en los que la parte digital invite a los clientes a visitarnos y una vez que se vayan acercando, nuestro esfuerzo publicitario los reciba para que nuestro showroom los deslumbre, una vez que el cliente llegue a visitarnos, tenemos que asegurarnos de tratarlo de la mejor manera, que se sienta bienvenido, que desde el primer momento esté convencido de que llegó a su nuevo hogar.

Nuestro equipo de ventas tiene la obligación de cerrar las ventas que lleguen a visitarnos, hagamos que el cliente se sienta seguro exponiendo nuestros permisos, enseñando fotos de otros desarrollos, expongamos cartas de agradecimiento o reconocimiento por parte de otros clientes, eso les ayudará a tomar la decisión final.

PROCESO DE ESCRITURACION Y COBRANZA

Una vez que el cliente firmó su intención de compra y entregó su apartado, nos toca trabajar en la parte de la escrituración y la cobranza.

Para eso será necesario contar con un equipo de especialistas que sepan registrar nuestro desarrollo en el Registro Único de Vivienda, ya que es algo que debemos hacer desde un inicio, una vez que tengamos las licencias, nuestro equipo de escrituración está obligado a registrar nuestra Oferta de Vivienda en el Sistema de Registro Único de Vivienda, para obtener una Clave Única de Vivienda por cada departamento o casa que ofertemos.

Una vez que se obtiene esta clave, se registra el número de licencia e inicia el proceso de verificación por parte de la RUV (Registro Único de Vivienda), mismo que al final nos otorgará la CUV llegando al 90% de avance de la obra por medio de una verificación, una vez se alcanza el avance del 90%, se obtiene el DTU (Dictamen Técnico Único) y con esta verificación, nuestro desarrollo está autorizado para proceder a la escrituración de cada uno de los departamentos que vayamos terminando y que estén en proceso de escrituración; una vez que se encuentra visible en el sistema, el banco, INFONAVIT o FOVISSSTE, pueden proceder a gravar el expediente de nuestro cliente y "marcar" su subcuenta de vivienda en el sistema de ahorro de INFONAVIT, de esta manera, queda vinculado el crédito del cliente con la vivienda a través de su Clave Única de Vivienda (CUV), mismas que se encuentran georreferenciadas, por lo que se puede saber con exactitud la ubicación de cada una de las viviendas de todo el país que se encuentran incorporadas al Sistema de vivienda en México. Es en este momento, cuando el notario puede emitir la escritura de acuerdo a los lineamientos que le marca el crédito del derechohabiente o acreditado y procede a imprimir en folios, una vez que se tiene en folios, se cita al cliente y al banco para firmar la escritura y posteriormente, se recibe el pago por parte de la institución de crédito que corresponda.

Hasta aquí llegamos a terminar el proceso desde que buscamos un terreno, hasta que cobramos por la venta de una unidad, en cada uno de los pasos y procesos surgirán diferentes tipos de cambios dependiendo de miles de factores, cada desarrollo tiene circunstancias únicas que hacen de él un proyecto único e irrepetible, por lo que en cada uno de nuestros desarrollos nos encontraremos con nuevos retos, cambios y oportunidades.

RESUMEN GENERAL

El desarrollo inmobiliario es uno de los quehaceres humanos más antiguos de la historia, el hombre ha necesitado un lugar para vivir desde que existe, por lo que la casa es junto con la comida, la actividad más antigua, en tiempos modernos, sigue siendo una de las primeras necesidades, nunca dejaremos de necesitar un lugar dónde vivir, ya sea que lo rentemos, vivíamos en un lugar prestado o lo compremos, siempre será necesaria una vivienda, por lo que tenemos asegurado el trabajo y la venta si hacemos las cosas bien, los clientes tienen cada vez más opciones y lo saben, pueden darse el lujo de escoger y tomar su tiempo en hacerlo, nos van a comparar, van a evaluar otras opciones, van a investigar el tipo de suelo, los materiales con los que estamos construyendo, nuestro currículum, y al final, a pesar de estar seguros de querer comprarnos, siempre van a tener la oportunidad de irse por otro camino, y es ahí, en ese preciso instante, donde no podemos dejar al aire nuestro éxito, no vamos a dejar que la duda gane y se lleve a nuestros clientes, así que tenemos que tener un cierre convincente, algo que haga a nuestro cliente estar seguro de hacerlo con nosotros, de dar el último paso y comprar nuestro producto, cada uno de nosotros tendremos que trabajar en desarrollar un diferenciador, lo que nos haga únicos, algo que deje tan tranquilo a nuestro cliente que quiera firmar y dar el apartado, que pueda irse tranquilo sabiendo que tomó la mejor decisión.

Ese diferenciador puede ser nuestro Showroom, puede ser nuestro Portafolio o tal vez, la obra iniciada que va tomando forma, cada cliente se convencerá por algo diferente, es donde tenemos que analizar desde el primer momento al cliente, ¿qué es lo que lo mueve? ¿qué lo motiva a realizar la compra?

Hagamos lo que hagamos, el cliente tiene que querer contar a otros que realizó la mejor inversión con nosotros.

MENSAJE

Espero que después de leer este libro y tenerlo como guía, te sientas más seguro para iniciar tu desarrollo, todo el material de apoyo lo podrás descargar de la liga que viene incluida al final, las tablas de Excel están formuladas y te guiarás por colores, de forma que solo tengas que modificar lo básico.

Una vez que encuentres un predio, analiza las opciones de desarrollo que tienes, debes ser creativo y ambicioso, busca lo que se está haciendo en otros lugares, en otras ciudades y en otros países, una vez que tengas toda esa información, estoy seguro que podrás tener tu propia versión o bien, identificar algo que no se esté haciendo, y tal vez hayas encontrado tu nicho.

La necesidad está ahí, la oportunidad existe, puedes aprovechar el momento o verlo pasar, creo que con este libro tienes una buena base para poder hacer algo de calidad sin riesgos.

Te agradezco la oportunidad de compartirte mi experiencia, quedo a tus órdenes para cualquier duda y espero que tengas grandes logros en tu desarrollo Inmobiliario. ¡Felices Ventas!

Jorge A. Mazatán S.

SOLAPA O TERCERA PÁGINA

Jorge A. Mazatán S. nació en la Ciudad de México en 1972, es Arquitecto Urbanista por la Universidad Iberoamericana donde se tituló en 1995 y Master en Desarrollo Inmobiliario por la Universidad Politécnica de Madrid y el ITAM de la CDMX en el año 2006 y Posteriormente cursó la Maestría de Nuevo Urbanismo por el ITESM Campus Querétaro en 2010.

Ha sido responsable de proyectos de Vivienda de Interés Social,

Medio y Residencial y es Desarrollador de Vivienda dentro y fuera del país.

Ha realizado obras de infraestructura y equipamiento a nivel nacional e internacional, ha sido asesor para empresas desarrolladoras de vivienda los últimos 12 años.

Actualmente, continúa diseñando y desarrollando para clientes privados y público en general.

Para mayor información: www.mazatan.com.mx

---

[1] Datos proporcionados por el INEGI www.inegi.org.mx

[2] Enlace formato descargable:

www.ingramcontent.com/pod-product-compliance
Lightning Source LLC
Chambersburg PA
CBHW031435210526
45464CB00005B/2213